超入門!
スタンプワーク レッスンBOOK
5つのステッチで作る立体刺しゅう

新井 なつこ

RAISED BUTTONHOLE STITCH
FRENCH KNOT STITCH
RAISED LEAF STITCH
SMYRNA STITCH
CORDED BUTTONHOLE STITCH

日本ヴォーグ社

INTRODUCTION

5つのステッチで、スタンプワークを始めましょう

私が初めて針を持ったのは5歳の時。近所のおばあちゃんに教わって作ったリカちゃん人形のブラとパンツが初めての作品でした（着物の端切れの渋い柄で、パンツというよりハイレグの「まわし」みたいでしたが…）。30歳を過ぎた頃に初めてスタンプワークというものを知り、この立体的でかわいいモチーフが糸で作った刺しゅうだということにびっくりしました。手芸は大好きだったけど、実はそれまで刺しゅうの経験はほとんどなかったのです。だから「刺しゅうがしたい」ではなく「スタンプワークをやってみたい！」という熱い想いで教室を探し当て、通い始めました。

スタンプ（stump）とは切り株のこと。かつては中に木片を詰めていたことからスタンプワークと呼ばれているそうです。皆さんは「スタンプワーク」というと、どんなイメージが浮かびますか？ 布から持ち上がった花びらや葉っぱ、コロンとした木の実、モシャモシャした動物の毛並…と、立体感のあるモチーフがスタンプワークの特徴。刺しゅうのテクニックのひとつですが、編んで作ったようにも見える「面」があったり、詰めものでふっくらと盛り上がっていたり…。クロスステッチやヨーロッパ刺しゅうの経験はあっても、スタンプワークは複雑そうだからと敬遠してきた方も多いのではないでしょうか。

この本は「スタンプワークは難しそう」と思っている方のために作りました。実際にやってみると、案外やさしい刺し方でできているのがわかるはず。スタンプワークにはきれいに仕上げるコツはあっても、刺し方に堅苦しい決まりはありません。見た目ほど難しくない、「見栄えがする」のもスタンプワークのいいところです。テクニックはボタンホールステッチやフレンチノットステッチなど、おなじみの刺し方のアレンジでできるものを中心に、基本の5種類に絞っています。初めての方でもスタンプワークならではの立体感やボリュームを味わいながら、楽しく刺していただけると思います。

この本をきっかけに、1本の糸から生まれる立体刺しゅうの面白さをたくさんの方が感じてくれますように。私に刺しゅうの魅力を教えてくださった2人の師匠、浜中礼子先生と西須久子先生に感謝を込めて。

新井なつこ

超入門! スタンプワークレッスンBOOK CONTENTS

INTRODUCTION ……… 2
作品＆モチーフINDEX ……… 6

A シンプルな形からスタート
レイズドボタンホールステッチ

レイズドボタンホールステッチの基本LESSON ……… 10
裏に主糸を渡さない刺し方 ……… 14
図案に合わせて刺す① ……… 15
図案に合わせて刺す② ……… 16

B オーガンジーに刺して、形を作る
フレンチノットステッチ

フレンチノットステッチの基本LESSON ……… 22
形を変えて・素材を変えてアレンジ ……… 24

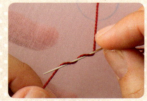

C 難しそう？ やってみれば、意外と簡単
レイズドリーフステッチ

レイズドリーフステッチの基本LESSON ……… 30

D フサフサ、モシャモシャの質感
スミルナステッチ

スミルナステッチの基本LESSON ……… **34**

E これを覚えれば万能！
芯入りボタンホールステッチ

芯入りボタンホールステッチの基本LESSON ……… **40**
トートバッグ ……… **42**
イヌ（凹凸のある図案）……… **44**
動物の顔モチーフ（クマ）……… **52**

スタンプワークのベーシック

刺しゅう糸いろいろ ……… **56**
スタンプワークに使う針 ……… **57**
使いやすい用具／刺しゅう枠のはめ方 ……… **58**
布と、よく使う材料／玉結び・玉どめ ……… **59**
基本のステッチの刺し方 ……… **60**

作品の作り方と図案 ……… **62**

**この本に関するご質問は
お電話またはWEBで**

書名／超入門！スタンプワークレッスンBOOK
本のコード／NV70408
担当／佐々木
TEL03-5261-5026（平日13:00〜17:00受付）
WEBサイト「日本ヴォーグ社の本」
http://book.nihonvogue.co.jp
※サイト内「お問い合わせ」からお入りください
（終日受付）。
（注）WEBでのお問い合わせはパソコン専用となります。

本誌に掲載の作品を、複製して販売（店頭、ネットオークション、バザーなど）することは禁止されています。個人で手作りを楽しむためにのみご利用ください。

作品＆モチーフ INDEX

A …レイズドボタンホールステッチ
B …フレンチノットステッチ　**C** …レイズドリーフステッチ
D …スミルナステッチ　**E** …芯入りボタンホールステッチ

ボーダーTシャツ・
ニットキャップ・テントウムシ → **A**
白い花 → **C**　**9**ページ

ニードルブック・
シザーキーパー
→ **A B C**
19ページ

ビーズのベリー・ハート
→ **B C**
20ページ

ブレスレット・
ネックレス → **B**
21ページ

オーナメント → **D**
33ページ

ポーチ → **D**
36ページ

クッション → **A C E**
39ページ

ブローチ
→ **C E**
50ページ

リネンテープのタグ → **A B C D E**
51ページ

バッグ → **A B C D E**
55ページ

A

シンプルな形からスタート
レイズドボタンホールステッチ
RAISED BUTTONHOLE STITCH

レイズドは「持ち上げる」という意味。芯糸を渡した上にボタンホールステッチをするので、土台布から盛り上がって高さが出ます。直線やゆるやかなカーブなど、シンプルな形を作るのに向いているテクニック。糸を引きすぎず、一定の手加減で刺すのがコツです。

ほとんど直線でできているボーダーTシャツはスタンプワーク初心者にぴったりのモチーフ。10ページからのレッスンで詳しく説明しています。ニットキャップとテントウムシは形に合わせて目数を調整して刺します。

ボーダーTシャツ → **A**・10〜13ページ（レイズドボタンホールステッチの基本LESSON）
ニットキャップ → **A**・16・17ページ
テントウムシ → **A**・17ページ
（白い花は **C**・レイズドリーフステッチ → 30・31ページ）

A レイズドボタンホールステッチの基本LESSON

土台布に渡した芯糸の上にボタンホールステッチをして、「面」を作っていきます。
フェルトの芯はなくても刺せますが、入っているとよりふっくらと仕上がります。

(9ページのモチーフ)

★用意するもの
5番刺しゅう糸（1本で刺す）
【9ページのボーダーTシャツはDMC 5番刺しゅう糸 B5200（白）・321（赤）を使用・芯糸はすべて白で刺す】
フェルト…適宜
フェルトの色は目立たないように、メインの主糸（面積の多い色）に合わせる。3でフェルトをまつる糸はフェルトの色に合わせる（ミシン糸または25番刺しゅう糸1本）。
土台布…スタンプワークを刺す時の土台になる布。既成の布製品でもOK。

刺しゅう実物大図案 / フェルト実物大型紙
※フェルトは図案よりひとまわり小さくする

ここからは刺しゅう枠をはめて作業

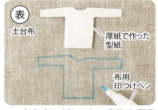
1 土台布に刺しゅうの実物大図案（右上の図）を写す（詳しい写し方はP58を参照）。

2 芯として入れるフェルトをカットする。ボディと袖を切り離しておく

3 フェルトを1で写した図案線の内側にまつる。ボディと袖の間は少しあけておく。

4 フェルトの上から芯糸を渡していく。刺し始めの糸端は玉結びをして、1の位置に針を出す。

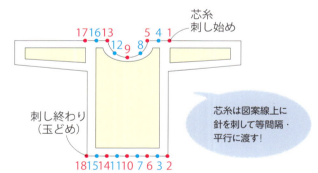
芯糸刺し始め / 刺し終わり（玉どめ）
芯糸は図案線上に針を刺して等間隔・平行に渡す！

5 2に針を入れる。**芯糸を渡す時は図案通りの形になるように、図案線上に針を出し入れする。** 図案線上に芯糸が渡る

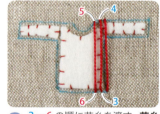
6 3〜6の順に芯糸を渡す。**芯糸はゆるすぎてたるまないように、引きすぎて布がつれないように注意。**

7 上図を参照して計9本の芯糸を平行に渡し、18に針を入れる。刺し終わり18

8 ボディの芯糸をすべて渡したら、袖に移る前に**裏で玉どめをして糸を切る。** 玉どめ

9 P11左上の図を参照して、袖に芯糸を渡していく。ボディの芯糸をすくわないように注意。

10 4本の芯糸を平行に渡したら、8の位置で8と同様に裏で玉どめをして糸を切る。刺し終わり

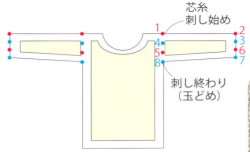

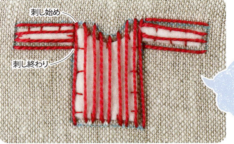

芯糸＝土台布に平行に渡しておく糸
主糸＝芯糸の上にボタンホールステッチをする糸

※レッスン中ではわかりやすいように芯糸と主糸の色を変えているが、実際は芯糸はメインの主糸（面積の多い色）と同色にする。

11 左側の袖も**9**・**10**と同様に4本の芯糸を平行に渡す。

すべての芯糸を渡したところ

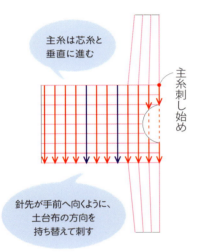

主糸は芯糸と垂直に進む

針先が手前へ向くように、土台布の方向を持ち替えて刺す

ここから主糸でボタンホールステッチ！

12 主糸を針に通し、刺し始め位置に針先を出す（**糸端は玉結び**）。芯糸を針先で割らないように注意。

13 芯糸を1本すくう。

14 **13**の針に糸をかける（**針の下に糸をくぐらせる**）。

15 **針を抜き、糸を下（手前）にそっと引いてボタンホールステッチの針目を引き締める。**

16 針目の長さは、均等に刺してある芯糸の幅が目安。**糸の引きすぎに注意。**

17 **13**～**16**と同様に、肩部分の芯糸を1本ずつすくってもう2目刺す。

18 肩の3目が刺せたら、図案の角（線上）に針を入れる。

19 次は、もう一方の肩の図案の角（線上）に針を出す。

20 **18**から**19**へ移る時は、裏で糸を渡してOK。

A レイズドボタンホールステッチの基本LESSON

21 13〜18と同様に肩部分の芯糸を1本ずつすくって3目刺し、図案線上に針を入れる。

ぴったりくっつけないのがポイント

22 12で針を出した位置の少し左（**ボタンホールステッチの針目の幅が目安**）に針を出す。

23 13〜18と同様に芯糸を1本ずつすくって3目刺し、襟ぐりのカーブの線上に針を入れる。

24 もう一方の襟ぐりのカーブの線上に針を出し、23と同様に3目刺す。

25 22と同様に前の列の少し左に針を出し、ボディの芯糸を1本ずつすくって9目刺す。

26 25と同様に9目刺す。次の列は主糸の色を変えるので、裏で玉どめをして糸を切る。

27 常に上から下へ刺し進めるので、**裏は主糸が縦に渡っている**。

28 針にボーダー用の主糸を通し（糸端は玉結び）、図案線上に針先を出す。

29 25と同様に芯糸を1本ずつすくってボタンホールステッチを9目刺す。

30 針目が波打たないように、**針先で前の列と平行になるよう整えながら刺し進める**。

31 次の列で再び主糸の色を変えるので、裏で玉どめをして糸を切る。

32 12〜27と同じ色の主糸で2列刺し、裏で玉どめをして糸を切る。

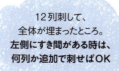
12列刺して、全体が埋まったところ。**左側にすき間がある時は、何列か追加で刺せばOK**

33 28〜31と同じ色の主糸で1列刺し、再び色を変えて4列刺す。

34 全体が埋まったら、最後は図案線上に針を入れる。裏で玉どめをして糸を切る。

> レイズドボタンホールステッチの刺し始め・刺し終わりの糸端は、芯糸・主糸とも裏で玉結び・玉どめでOK。スタンプワークの他のステッチも同様(スミルナステッチを除く)。

35 ボディが刺せた。主糸の引き具合をそろえて、芯糸の間隔に合わせた針目で刺すのがコツ。続けて袖を刺していく。

実物大

36 主糸を針に通し、袖の図案線上に針先を出す。ボディとの間があかないように注意。

37 袖の芯糸を1本ずつすくって4目刺し、袖の図案線上に針を入れる。

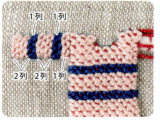

38 28〜33と同様に、2色を切り替えながら袖を刺し(4目×計7列)、裏で玉どめをして糸を切る。

39 もう一方の袖を刺す。全体の向きを持ち替え、36〜38と同様に2色で計7列刺す。

40 でき上がり。フェルトを芯にしているので、ふっくら厚みのある仕上がりに。袖とボディの境目が気になる時は、同色の糸でまつればOK。

実物大

レイズドボタンホールステッチ きれいな針目・NGの針目

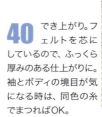

◎ 主糸の引き具合がちょうどよく、芯糸の間隔に合った均一な針目。

✕ 主糸を強く引き締めすぎ。針目が小さくなり、芯糸が寄っている。

✕ 主糸の引き方が足りず、ゆるくてバラバラな針目になっている。

1列ごとに色を変えた細いボーダー。

青2列×黄色1列のボーダー。

ボーダーの幅は自由にアレンジ

好みの幅ではっきり色分け。

A レイズドボタンホールステッチ

裏に主糸を渡さない刺し方

主糸が次の列に移る時の糸の渡し方を工夫すると、裏をきれいに仕上げることができます。
土台布がやわらかいニット地や薄地の時にもおすすめ。

(この写真はニット地に極細毛糸を使用・P17を参照)

> フェルトと土台布の間に針を通して主糸を渡すので、この針目は細かくしすぎないように!

1 P10の**2・3**と同様にフェルトの芯を土台布にまつる。なるべく等間隔の針目でまつる。

> 図案を写しにくい土台布には無理に写さなくてもOK。実物大図案を見ながらフェルトの少し外側に芯糸を渡す

2 P10・11の**5〜11**と同様にフェルトの上に芯糸を渡す。

3 主糸を針に通し、P11の**12〜17**と同様に芯糸を1本ずつすくってボタンホールステッチを3目刺す。

4 襟ぐりの裏に糸を渡さないように、肩は片方ずつ仕上げる。フェルトと土台布のすき間に針を入れる。

5 フェルトの下を通して、**3**の刺し始め位置の左に針先を出す。土台布はすくわないように注意。

6 裏の糸はフェルトの下を渡っている。ここで主糸を引きすぎるとフェルトごと芯糸が寄ってしまうので注意。

7 **3**と同様に3目刺し、**4〜6**と同様にフェルトの下を通して戻るように針先を出す。

8 ボディの芯糸を1本ずつすべてすくってボタンホールステッチを刺す(計9目)。

9 **4・5**と同様にフェルトの下を通して、もう一方の肩の端から針先を出す。

10 **3**と同様に肩部分の芯糸を1本ずつすくって、右端にボタンホールステッチを3目刺す。

> 両脇を刺してから間を埋めるとバランスが取りやすい

11 **9**と同様にフェルトの下を通して針先を出し、**8**と**10**で刺した列の間に1列刺す。

12 フェルトの下を通して**8**の列の左に針先を出す。

13 ここからは**8**と同様に9目ずつ刺していく。

14 **13**の裏側。主糸が渡らないので、すっきり仕上がる。

図案に合わせて刺す①

図案に合わせて芯糸を渡し、芯糸をすくえる所まで主糸でボタンホールステッチをするのが基本。
左右対称の図案は中心の列を刺してから左半分・右半分を同じ目数で仕上げます。

(19・51ページのアイスクリームのコーン・共通 色番号などは29ページ)
★5番刺しゅう糸を使用（1本で刺す）

刺し始める前の準備
P10の**1～3**を参照して、土台布に実物大図案を写してフェルトの芯をまつる。実際には芯糸と主糸は同色にする。

刺しゅう実物大図案 / フェルト実物大型紙

芯糸の渡し方 / 刺し始め / 刺し終わり / 7等分（8本）

※フェルトは図案よりひとまわり小さくする

主糸のボタンホールステッチはP11を参照

ボタンホールステッチは常に上から下へ進む

1 図案線に合わせて芯糸を8本平行に渡す。**図案の両端（三角形の上辺と下の頂点）には必ず芯糸を渡すのがコツ。**

2 主糸の針を図案上端の中心から出し、芯糸を1本ずつすべてすくってボタンホールステッチを刺す（8目）。

3 **2**の刺し始め位置の少し左に針を出し、下へ向かって**芯糸をすくえる所まで刺す**（6目）。

4 **3**と同様に、同じ間隔で上から下へ向かって芯糸をすくえる所まで刺す（5目）。

5 **3・4**と同様に上から下へ向かって刺し（4目）、図案の左半分を均等な針目で埋める。

6 続けて右半分を刺す。**2**の刺し始め位置の少し右に針を出し、**3**～と同様に刺していく。

7 左右対称の図案なので、**2**で刺した中心の列を基準に**左右対称の目数で刺す**とバランスよく仕上がる。

8 **4・5**と同様に刺して、右半分も均等な針目で埋める。最後は裏で玉どめをして糸を切る。

実物大
図案の枠内に針目を広げる感じで

9 芯糸が見えている部分があれば、針先で針目をならすように整える。

10 でき上がり。糸を引きすぎないのと、針目を詰めすぎないのがコツ。

（裏）

A レイズドボタンホールステッチ

図案に合わせて刺す②

図案の先端から少ない目数で刺し始め、図案に合わせてボタンホールステッチの目数を増やしていく刺し方です。ゆるやかなカーブを作りたい時などに適しています。

（9ページのモチーフ　使用糸などは17ページ）

刺し始める前の準備
P10の **1**・**2** を参照して土台布に実物大図案を写し、芯として入れるフェルトを図案よりひとまわり小さくカットしておく。

刺しゅう実物大図案

フェルト実物大型紙

※フェルトは図案よりひとまわり小さくする

1 土台布に写した図案線の内側にフェルトの芯をまつる。

2 図案を均等に分割するように、芯糸を縦に平行に渡す（P10の **5** ～ **8** を参照・ここでは10本）。

図案の両端（一番幅の広い部分）には必ず芯糸を渡すのがコツ！

レイズドボタンホールステッチを図案に合わせて刺す時のポイント

❶芯糸は図案の両端（一番幅の広い部分）には、短くても必ず図案線上に渡すこと。その間を均等に分割して、全体に平行に渡す。

❷主糸は図案線上から針を出して、その列ですくえる芯糸の数だけ刺す。針を入れるのも図案線上に。

ここから土台布の方向を持ち替えて主糸でボタンホールステッチ（P11を参照）

刺し始め　図案線上

3 図案の先端から刺し始め、芯糸を1本ずつすくってボタンホールステッチを刺す（2目）。

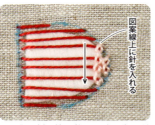

図案線上に針を入れる

4 3の刺し始め位置の少し左に針を出し、下へ向かって**芯糸をすくえる所まで刺す**（4目）。

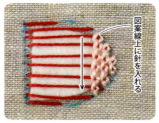

図案線上に針を入れる

5 4と同様に、同じ間隔で上から下へ向かって芯糸をすくえる所まで刺す（6目）。

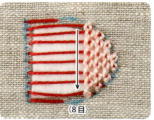

（8目）

6 ここでは規則的に上下1目ずつ・1列で計2目ずつ増えているが、図案のカーブがもっとゆるやかなら同じ目数で2列、3列続けて刺してもOK。

16

実物大

ニットキャップ
(9ページのモチーフ)
極細毛糸を使うと、毛糸で編んだような風合いに。糸1本で刺す。

ポンポンの作り方はP61を参照。幅2cmの厚紙に紺の極細毛糸を40回巻く。

ニットキャップに使ったのは極細毛糸
毛100% 1玉25g・約220m
(問／越前屋)
毛糸特有の毛足があるが、実際に刺してみると5番刺しゅう糸よりも細めの糸。ニットキャップには白と紺の2色を使用。

実物大

細めの糸(極細毛糸)を使う時は、針目も細かくするのがポイント

芯糸を刺す時は…

芯糸12本

5番刺しゅう糸で刺す時よりも芯糸の間隔をせまくして、本数を増やす(芯糸は白・実物大図案はP16)。

土台布の向きを持ち替える

主糸のボタンホールステッチは…

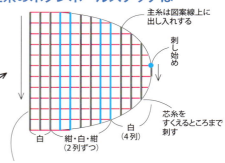

主糸は図案線上に出し入れする
刺し始め
芯糸をすくえるところまで刺す
白 ／ 紺・白・紺(2列ずつ) ／ 白(4列)

左端にすき間ができないように列数を調整

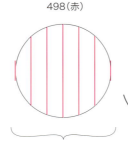

テントウムシ
(9ページのモチーフ)

刺しゅう実物大図案
直径1.5cm

フェルト実物大型紙
(ひとまわり小さくする)

芯糸を渡す
498(赤)

等間隔に6～7本

すべてDMC刺しゅう糸
指定以外は5番糸1本で刺す

土台布の向きを持ち替える

芯糸を1本ずつすくってボタンホールst.

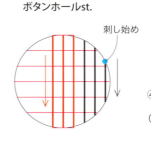

刺し始め

②498(赤)で左端まで刺す ／ ①310(黒)で3列刺す

仕上げ方

①裏から310を出し玉どめをして0.5cm残してカット

②ボンドで固める
③ストレートst. 310
④丸小ビーズ黒をつける(25番糸310・2本どり)

リネンテープに刺した51ページのモチーフは、丸小ビーズのかわりにフレンチノットst.で黒い星をつけている

B

オーガンジーに刺して、形を作る
フレンチノットステッチ
FRENCH KNOT STITCH

オーガンジーにフレンチノットステッチをびっしり刺して、周りを縫い縮めて形を作ります。でき上がったモチーフを土台布に縫いつけるので応用しやすく、ハートやドーナツ型のアレンジも可能です。

C

難しそう？ やってみれば、意外と簡単
レイズドリーフステッチ
RAISED LEAF STITCH

葉っぱや動物の耳など、いろいろ使えてスタンプワークらしさが感じられるステッチ。土台布から立ち上がったモチーフは一見難しそうですが、糸の引き方に気をつければきれいに刺せるので、挑戦してみましょう。

リネンテープを使ったソーインググッズは好きなモチーフで作りましょう。ニードルブックを開くとピンクッションと針を刺すフェルトがついています。おそろいのシザーキーパーは自分のはさみの目印として。

ベリー
円形モチーフ → B・22・23ページ
（フレンチノットステッチの基本 LESSON）
葉 → C・30・31ページ
（レイズドリーフステッチの基本 LESSON）
ハート → B・25ページ
ドーナツ → B・25ページ

さくらんぼ
ビーズの円形モチーフ → B・24ページ
葉 → C・30・31ページ
（レイズドリーフステッチの基本 LESSON）

アイスクリーム
半円形 → B・24ページ
（三角形のコーンは A・レイズドボタンホールステッチ → 15ページ）

★モチーフの色番号などは 28・29ページ
★ニードルブック・シザーキーパーの作り方→62ページ

フレンチノットステッチのかわりにビーズをびっしり刺してもかわいい。
ビーズの色や形次第で雰囲気も変わります。

ベリー
ビーズの円形モチーフ → **B**・24ページ
葉 → **C**・30・31ページ
（レイズドリーフステッチの基本 LESSON）
★実物大図案などは28ページ

ふっくらした赤いハートにビーズの輝きをプラス。
ボリュームのあるスタンプワークはニットやウールの質感にもよく似合います。

ハート → **B**・25ページ　★実物大図案などは29ページ

オーガンジーに刺したフレンチノットステッチを球状に形作って、ビーズのようにつないだブレスレットとネックレス。リボンで好みの長さに調節できます。コットンパールやカットビーズを加えておしゃれに。

球状のモチーフ→ B・26 ページ
★作り方 → 27 ページ

B フレンチノットステッチの基本LESSON

ヨーロッパ刺しゅうでもおなじみのフレンチノットステッチ。
スタンプワークではコットンオーガンジー（薄地の布）を刺し埋めて、モコモコしたモチーフを作ります。

（19・51ページの各モチーフの色番号などは28・29ページ）
★5番刺しゅう糸を使用（1本で刺す）

刺し始める前の準備
フレンチノットステッチは**コットンオーガンジー**（刺しゅう糸の色に近い色を選ぶ）に刺す。布用印つけペンなどで図案（円形）を写し、**刺しゅう枠にピンと張っておく**（P26・58を参照）。

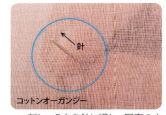

1 刺しゅう糸を針に通し、図案の中心に針を出す（糸端は玉結び）。

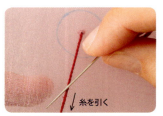

2 布から出ている糸を下（手前）に引き、針先を下にむけてのせる。

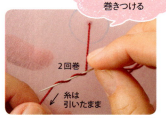

針先を回転させて、糸を2回すくうように巻きつける

3 針に糸を2回巻きつける（**この本のフレンチノットステッチはすべて2回巻**）。

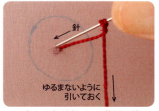

4 布から糸が出ている位置の際に、垂直に針を入れる。3でかけた糸が針から外れないように注意。

引き締めすぎると針が抜けなくなるので注意！

5 針を刺したまま、左手で持った**糸を引いて結び目を引き締める**。

ふっくら立体的に！

6 布に刺した針を裏側へ抜く。これでフレンチノットステッチがひとつできた。

7 続けて6でできた針目の横に針を出し、2〜6と同様に刺していく。

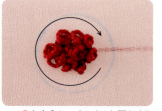

8 6を中心に、ぐるぐると囲むように図案の中をフレンチノットステッチで埋めていく。

9 中央部分は盛り上がる位みっしりと、外側は布が透けない程度の密度を目安に。

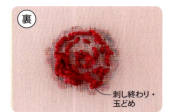

10 裏側。足りない（布が透けている）部分は、後から埋めるように刺せばOK。

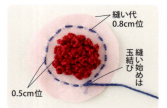

11 周囲をぐし縫いし（実際にはモチーフと同色の5番刺しゅう糸・針はつけたまま）、布をカットする。

スタンプワークのフレンチノットステッチ

スタンプワークの場合は、普通のフレンチノットステッチよりゆったりめに刺すとボリュームが出てきれいに仕上がる。①は3・5で糸を引きすぎて、小さく固い結び目になっている。②は程よい引き具合の適正針目。③は3・4でゆるめすぎ、余った糸がループになっている。

実物大

キューッと縮みすぎないように親指を入れておく

12 11の中央（裏）を親指で押さえておき、ぐし縫いの糸を引いて少し縮める。

13 化繊綿をひとつまみ、手のひらでクルクルと丸める。**多すぎるとまとまらなくなるので、控えめに。**

14 12の中に13を入れ、さらに糸を引いて好みのサイズになるまで縮める。

15 化繊綿まですくって何針か縫い、縫い代を押さえながら全体の形を丸く整える。

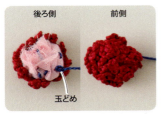

16 玉どめをして、糸は切らずに残しておく。モチーフのでき上がり。

17 16で残した糸で、土台布のモチーフつけ位置につける。土台布と一緒にすくって一周まつる。

18 **ぎゅっと土台布に押しつけ、モチーフを平らにして内側までしっかりすくうのがコツ。**

19 でき上がり。化繊綿を入れたので、ふっくら盛り上がった仕上がりに。

モチーフにビーズをつける

1 19にビーズをつける。ビーズに通る太さのクロスステッチ針と糸（25番刺しゅう糸2本どり）を用意する。

2 刺し始めは土台布の裏から針を入れ、モチーフを通して針先を出す。

3 針にビーズを通し、糸が出ている位置に再び針を入れる（実際には糸の色はモチーフに合わせる）。

4 土台布はすくわずに、**モチーフのみをすくって**次の位置に針を出す。

5 3・4をくり返してバランスよくビーズをつける。最後は土台布の裏へ針を出して玉どめ。

モチーフを土台布に縫いつけてからビーズをつけると、全体の形が見えてバランスが取りやすい。ビーズの種類や大きさは作品に合わせて。

B フレンチノットステッチ

形を変えて・素材を変えてアレンジ

フレンチノットステッチの基本は 22・23 ページを参照。
★各モチーフの実物大図案・色番号などは 28・29 ページ

ビーズの円形モチーフ
フレンチノットステッチを
ビーズに変えて。

1 中心からぐるぐると囲むように、**ビーズを1個ずつつけて図案を埋める。** 針と糸は P23 の **1** を参照。

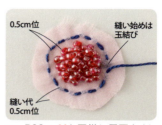

2 P22 の **11** と同様に周囲をぐし縫いし、縫い代をつけてカットする。縫い代は少なめに。

3 化繊綿は入れずに、 ぐし縫いの糸を引いてしっかり縮める。P23 の **15・16** を参照して丸く形作る。

4 葉や茎(さくらんぼ)のあるモチーフは、先に土台布にステッチしておく。

5 葉の根元に少し重ねるように **3** をつける。実際に置いてみて位置を決めるとよい。

6 P23 の **17・18** と同様に、ぎゅっと押しつけて土台布と一緒にモチーフの内側をしっかりすくう。

7 ビーズのモチーフは形が安定しにくいので、土台布に縫いつけながら円形に整える。

半円形(アイスクリーム)
カーブと直線を組み合わせた図案。

1 図案全体を埋めるようにフレンチノットステッチを刺す。図案の線から多少はみ出す位で OK。

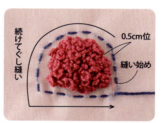

2 モチーフの形に合わせて周囲をぐし縫いする。

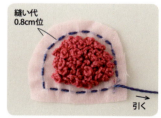

3 ぐし縫いの周囲に縫い代をつけてカットし、P23 の **12** と同様に糸を引いて縮める。

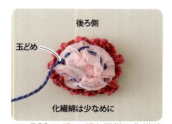

4 P23 の **13～15** と同様に化繊綿を入れて縮め、半円形に整えながら縫い代を縫いとめる。

5 上側のカーブ部分と比べて、底辺がまっすぐになっていれば OK。

6 先に土台布にレイズドボタンホールステッチのコーンをつけておき、**少し重ねるように 5 をつける。**

7 コーンの上に少し重ねてつけることで、アイスが乗っている雰囲気が出る。

> ぐし縫いの糸を縮めて形作った後、縫い代が多すぎてはみ出す場合は、土台布に縫いつける前に余分な縫い代を少しカットする。

フレンチノットステッチの際まで切り込み

ふっくらハート
化繊綿はサイズや好みに合わせて。

1 図案全体を埋めるようにフレンチノットステッチを刺し、**上中心から周囲をぐし縫いする。**

2 縫い代をつけてカットする。上**中心のくぼみ部分の縫い代に切り込みを入れる。**

3 P23 の **12** と同様に糸を引いて縮める。

4 ここで上部のふたつのカーブをしっかり出し、ハートの形をきれいに整えておく。

5 P23 の **13・14** を参照して化繊綿を入れ（なくてもOK）、さらに糸を引いて縮める。

6 縫い代を折り込んで中心でまとめる。化繊綿ごとすくって縦・横に何度か糸を渡し、縫いとめる。

7 P23 の **17・18** と同様に、くぼみ部分も内側までしっかりすくって土台布にまつる。

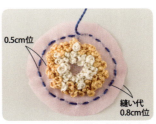

リング型（ドーナツ）
P23 を参照して、好みでビーズをつける。

1 リング状の図案を埋めるように2色のフレンチノットステッチを刺す。

2 P22 の **11** と同様に周囲をぐし縫いし、縫い代をつけてカットする。

3 中心の穴部分のコットンオーガンジーに、はさみの先で**十字に切り込みを入れる。**

4 **化繊綿は入れずに**ぐし縫いの糸を縮めて丸く形作り、P23 の **17・18** と同様に土台布にまつる。

5 3で切り込みを入れた縫い代を針先でステッチの下へ折り込み、内周を形作る。

6 モチーフの内周と土台布を一緒にすくってまつり、5で折り込んだ縫い代を押さえる。

7 モチーフの内周部分は土台布が見える状態。

B フレンチノットステッチ

形を変えて・素材を変えてアレンジ
フレンチノットステッチの基本は 22・23 ページを参照。
★21ページのブレスレット・ネックレスの作り方は27ページ

球状のモチーフ
（21ページの作品）

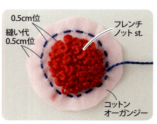

1 図案の中を刺し埋める。P22の11と同様に周囲をぐし縫いし、縫い代をつけてカットする。

最後まで キューッと締めて OK

2 化繊綿は入れずに、ぐし縫いの糸を引いてしっかり縮める。

3 全体が平らになるように形作る。縫い代がはみ出していれば、余分をカットする。

4 フレンチノットステッチの際の縫い代を一周ぐし縫いする。

5 4の糸をしっかり引いて縮める。**縫い代が内側に入り、全体が球状になる。**丸く形を整える。

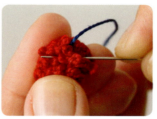

6 できるだけ糸の根元で玉どめをする。1針すくい、針を少し離れた所に出して糸を切る。

7 でき上がり。P24「ビーズの円形モチーフ」のように、ビーズで作ることもできる。

オーガンジーに刺しゅう枠をはめる
1 内枠の上にオーガンジーをのせ、その上に外枠をそっとはめる。

2 オーガンジーは薄くゆがみやすいので、**ここでネジを8割位締めておく。**

3 オーガンジーを四方にバランスよく引っ張り、枠の中をピンと貼る。

4 タテ・ヨコの布目を垂直に整えたら、**しっかりネジを締める。**

刺しているうちに布がたるんでくるので、その都度張り直しながら刺す

5 張り終えた所。オーガンジーを使う時はこのように刺しゅう枠に張ってから作業する。

オーガンジーのサイズは余裕を持って！
布端が刺しゅう枠の内側にかかった状態では、作業しているうちにオーガンジーがずれてゆるんでしまい、刺しにくくなる。オーガンジーは1で外枠をはめた時に、4辺の布端が枠の外に出ている位のサイズが必要。

ブレスレット・ネックレス

21ページの作品 ●フレンチノットステッチの球状モチーフの作り方は 26 ページ

★材料

A／DMC5番・25番刺しゅう糸347・コットンオーガンジー赤・直径0.3cm 赤カットビーズ　各適宜、幅0.7cm グログランリボン赤 25cm×2本

B／DMC5番刺しゅう糸 ECRU・336・347・コットンオーガンジー白・青・赤　各適宜、幅0.7cm グログランリボン白25cm×2本

C／DMC5番刺しゅう糸 ECRU・336・コットンオーガンジー白・青　各適宜、幅0.7cm グログランリボン紺25cm×2本

D／DMC5番刺しゅう糸931・コットンオーガンジー青　各適宜、直径0.8cm オフホワイトコットンパール17個、幅0.7cm グログランリボンブルーグレー 35cm×2本

E／DMC5番刺しゅう糸310・コットンオーガンジー黒　各適宜、直径0.5cm 黒カットビーズ 18個、幅0.7cm グログランリボン黒 50cm

★でき上がり寸法（長さの目安・リボン含まず）
A・B・C 約15〜16cm、D 約33cm、
E 約37cm

実物大図案（すべて共通）

直径2cm

フレンチノットst.で球状のモチーフを作る
5番刺しゅう糸1本
P26を参照

リボンのつけ方

幅0.7cm グログランリボン

両端のモチーフは P26の**5**で糸を引く時にリボンの先を入れて縮め抜けないように何針か縫いとめておく

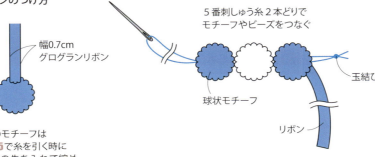

5番刺しゅう糸2本どりでモチーフやビーズをつなぐ

球状モチーフ

リボン

玉結び

A
フレンチノットst.の球状モチーフ8個、カットビーズで作った球状モチーフ7個を交互につなぐ（ビーズは25番糸2本どりでつける）

B
生成り（ECRU）6個・青（336）3個・赤（347）5個のモチーフを作り、写真を参照してつなぐ

C
生成り（ECRU）6個・青（336）7個のモチーフを作り交互につなぐ

E
モチーフを19個作り、カットビーズと交互につなぐ（間に玉結びを作る）
1本のリボンの両端にモチーフをつけて全体を輪の状態にする

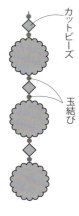

カットビーズ

玉結び

コットンパールの穴が小さい時は両側から目打ちで広げる

コットンパール

D
モチーフを18個作り、コットンパールと交互につなぐ（2本どりの糸が通らなければつなぐ糸を1本にする）

ニードルブック・シザーキーパー・リネンテープのタグなど
実物大図案&色番号（19・20・51ページの作品）

すべてDMC刺しゅう糸・指定以外は5番糸
指定以外は糸1本で刺す
コットンオーガンジーはモチーフの刺しゅう糸に近い色を選ぶ
リネンテープのタグ…DMC 幅5cm リネンテープ 32ct（12目／1cm）842（ナチュラル）を使用

ドーナツ
P25を参照

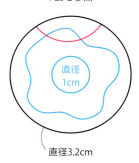
直径1cm
直径3.2cm

丸大ビーズ ピンク 738
818
丸大ビーズ 赤クリア 433
738

※すべてフレンチノットst.

丸大ビーズ（色は好みで） 369
738

直径0.5cm 動眼を貼る
直径0.3cm 赤カットビーズ
433

727 433
丸大ビーズ オレンジ色

さくらんぼ
P24を参照
（ビーズの円形モチーフ）

直径1.5cm

レイズドリーフst. 8番糸 937
丸大ビーズ ワイン色
アウトラインst. 8番糸 937

※ビーズは同色の25番刺しゅう糸2本どりでつける

アウトラインst. 367
丸大ビーズ 濃ピンク

茎と葉は好みでバランスよく配置する

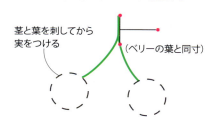
茎と葉を刺してから実をつける
（ベリーの葉と同寸）

シザーキーパーはニードルブックと共通

ベリー
P22〜24を参照

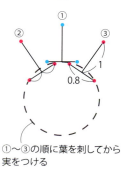
大 直径2.5cm
小 直径1.5cm

①〜③の順に葉を刺してから実をつける

レイズドリーフst. 369
図案(大) 745

※レイズドリーフst.はP30・31を参照

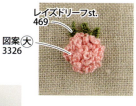
レイズドリーフst. 732
図案(大) 818

レイズドリーフst. 469
図案(大) 3326

※指定以外はフレンチノットst.

図案(小)
ビーズの円形モチーフ
マガ玉ビーズ 赤オーロラ

レイズドリーフst. 991

葉を刺してから実をつける

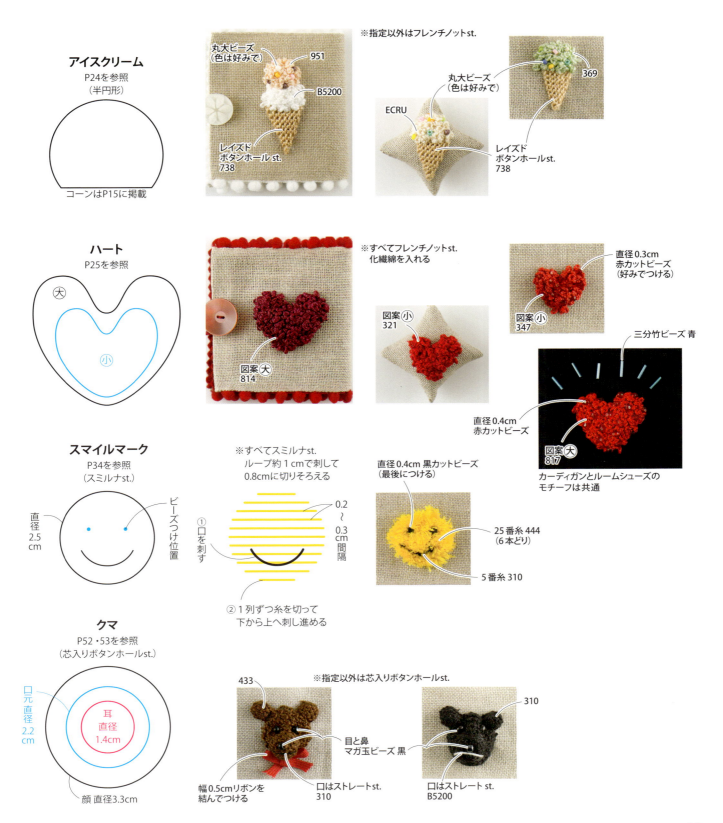

C レイズドリーフステッチの基本LESSON

モチーフの中心にまち針を打ち、芯糸を3本渡します。
この芯糸を1本おきにすくい、針目を並べるように「面」を作ります。でき上がりは根元以外が浮いた状態に。

(9ページのモチーフ)
★5番刺しゅう糸を使用（1本で刺す）

刺し始める前の準備
土台布に位置とサイズの目安として、二等辺三角形になるように点で印をつける。布用印つけペンを使うと便利。

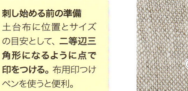
1 土台布に点で印をつける。

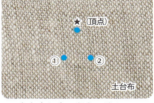
2 支柱になるまち針を打つ。頂点の★から針を入れ、①と②をつないだ線より下に出す。

3 刺しゅう糸を通した針を①から出し（糸端は玉結び）、まち針に糸をかける。

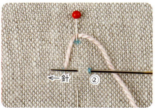
4 ②に針を入れ、①と②の中心に針を出す。裏に通っているまち針は避ける。

5 矢印のようにまち針に糸をかけ、糸を右側に出す。**両脇と中心に渡った糸が芯糸になる。**

6 右から左へ針を入れ、**両脇の芯糸をすくう。**

7 ここで糸を上へきつめに引いておくと、リーフの先端がきれいにとがった形になる。

8 左から右へ針を入れ、**中心の芯糸をすくう。**

9 糸を右へ引く。6（両脇の芯糸をすくう）と8（中心の芯糸をすくう）をくり返して刺し進める。

10 何段か刺したら、針目を上へ詰めるように針で整える。糸が織物のように並んでいるときれい。

11 芯糸の根元まで刺す。

12 刺し終わりは①の際に針を入れ、裏で玉どめをして糸を切る。

13 きれいな形を作るには、**糸を引きすぎない**のがコツ。引きすぎると全体が細くなってしまう。

14 まち針を外して、でき上がり。裏には4で土台布をすくった時の針目だけが出ている。

> まち針を外して指で形を整える。
> ちょっとねじれていても、
> 葉っぱらしくて OK！

形のアレンジ
根元を細く仕上げると、よりリーフらしい形になる。

1 P30と同様に、芯糸の根元近くまで刺す。

2 根元の2段分は糸を強く引き、幅を細くする。最後は両脇の芯糸をすくって左に出した糸を右に引き締める。

3 刺し終わりは幅の中心に針を入れ、裏で玉どめをして糸を切る。

4 最初に点で印をつける時の底辺と高さのバランスで、細長い形・平たい形などが作れる。糸の引き締め具合と合わせて、好みの形に仕上げる。

レイズドリーフステッチは動物の耳などにもよく使われる。土台布から浮いているので動きが出て、表情が豊かになる。

白い花
（9ページのモチーフ）

DMC 8番刺しゅう糸　B5200
※P9のモチーフは細めの8番刺しゅう糸1本で刺す
5番刺しゅう糸で刺す時は図案を大きめにする
五角形の向きで5枚の花びらの上下の向きが変わるので好みで配置する

実物大図案
布に●の位置の印をつける

8番刺しゅう糸　　　5番刺しゅう糸

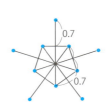
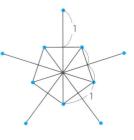

0.7　　1

① ●の印に合わせてレイズドリーフステッチで花びらを刺す

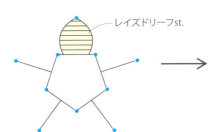

レイズドリーフst.

② 五角形の1辺ずつに花びらを刺す

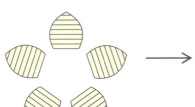

③ 中央の空間にビーズをつける

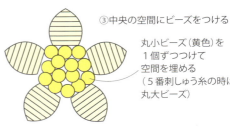

丸小ビーズ（黄色）を1個ずつつけて空間を埋める
（5番刺しゅう糸の時は丸大ビーズ）

D

フサフサ、モシャモシャの質感
スミルナステッチ
SMYRNA STITCH

ループを作りながら刺していくのがスミルナステッチ。スミルナはトルコの都市・イズミルの古い名称で、ターキーワーク、ターキーズノットステッチと呼ばれることもあります。ループをカットして切りそろえるのと、輪の状態のままで残すのと2種類の表情を楽しめます。スタンプワークでは5番や8番の刺しゅう糸をよく使いますが、スミルナステッチには25番糸やタペストリーウールも適しています。

スミルナステッチのフサフサ感はツリーやリースの雰囲気にぴったり。カラフルなパールやリボンでデコレーションして、クリスマスのオーナメントに。たくさん作ってツリーに飾ったり、贈りものに添えても素敵です。

D・スミルナステッチの基本LESSON → 34・35ページ
★作り方 → 63ページ

D スミルナステッチの基本LESSON

簡単な刺し方で、フサフサしたボリューム感が楽しめるスミルナステッチ。
「針目」と「ループ」を意識しながら刺すのがコツです。

（51ページのモチーフ
実物大図案と色番号は29ページ）
★25番刺しゅう糸を使用（6本どり）

刺し始める前の準備
25番刺しゅう糸はP57を参照して6本の糸を1本ずつ抜いてそろえ直してから刺す（＝6本どりで使用）。スミルナステッチは刺し始め・刺し終わりの糸端も表に出して毛並にするので、**玉結び・玉どめはしなくてOK。**

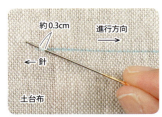

1 刺し始めは表から針を入れ、図案線上を1針すくう。刺し始めの糸端に**玉結びは不要。**

2 2〜3cm残して糸を引き、続けて1針すくう。この時、針についた糸を針の上側にしておく。

3 針を抜き、糸を引く。2の針目が糸端と布から出ている糸の上側にできるのを確認。

4 針目が刺し始めの糸端を押さえているので、玉結びがなくても抜けない。

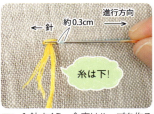

5 1針すくう。今度はループを作るので、針についた糸は針の下側にくるようにする。

6 ゆっくり糸を引く。糸は最後まで引き切らずに、ループとして残す長さを調節する。

7 2・3と同様に1針すくい、針目で6のループを押さえる。

8 針目がループを押さえるので、抜けなくなる。2・3と5・6をくり返して刺し進める。

9 できるだけループの長さをそろえて刺す。刺し終わりは針目の下側に糸が出ている（糸を引いてもゆるまない）状態で、ループの長さ分の糸端を残して切る（**玉どめは不要**）。

10 はさみでループの輪をカットして、6本どりの糸をほぐす。

11 刺し始め・刺し終わりの糸端も含めて、毛並を同じ長さに切りそろえればでき上がり。

12 裏はバックステッチのような針目になっている。

★ 33ページのオーナメントの作り方は63ページ

リースの刺し方
(33ページの作品)
ボリューム感を出すために、進行方向を変えて2周刺す。

1 円形の図案線上にスミルナステッチを刺す(ループ約1.2cm)。

2 1の針目の内側の際に、進行方向を変えてもう1周刺す(実際には1と同色・ループ約1.2cm)。

ループの向きに注目!

3 進行方向を変えて刺したので、2のループは内側を向いている。

裏

4 裏はバックステッチが2周している状態。間をあけず、1の際に2を刺すのがコツ。

5 ループをカットして、糸をほぐす。毛並を1cmに切りそろえてでき上がり。

もっとボリュームを出したい時は…
① 細かく刺してループを増やす
② 糸の本数を増やして刺す
③ 何列か並べて刺す

ループを残したスミルナステッチ
10でループをカットせず、輪の状態のままで残してもOK。針目とループの長さをきれいにそろえるのがポイント。前のループと同じ長さになっているか、1針ごとに確認しながら刺す。

ツリーの刺し方
(33ページの作品)

同じ向きに何段も刺す時は、下の段から刺し始めて上へ進んでいくとループが邪魔にならない。糸は1段ごとに切る。

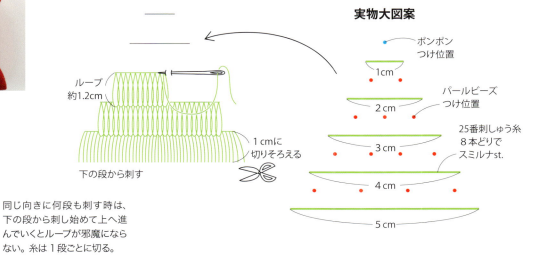

ループ 約1.2cm

1cmに切りそろえる

下の段から刺す

実物大図案

ポンポンつけ位置
1cm
2cm
パールビーズつけ位置
3cm
25番刺しゅう糸8本どりでスミルナst.
4cm
5cm

ウール製の刺しゅう糸「タペストリーウール」を使えば
ボリュームたっぷりのスミルナステッチになります。ボーダー
とドット、シンプルな形を好きな色で刺してみてください。

D・スミルナステッチの基本LESSON → 34ページ
★作り方→ 37ページ

スミルナステッチのポーチ

36 ページの作品 ●スミルナステッチの刺し方は 34 ページ

★材料（1点分）

ドット柄／ DMCタペストリーウール ECRU・7260・7594・7746 各適宜、DMC リネン 28ct（11目／1cm）3866（薄ベージュ）35×30cm、裏布（無地木綿）30×25cm、20cm丈ファスナー1本、長さ10cm ボールチェーン1本

ボーダー柄／ DMC タペストリーウール 7362・7396・7398 各適宜、DMC リネン 28ct（11目／1cm）3782（ナチュラル）35×30cm、裏布（無地木綿）30×25cm、20cm丈ファスナー1本、長さ10cm ボールチェーン1本

★作り方（2点共通）

① 本体表布の前側にスミルナステッチをする。
② ①の上下（前側と後ろ側の袋口）の縫い代を折ってファスナーをつけ、本体を筒状にする。
③ リネンを折ってタブを作る。
④ 本体の両脇の縫い代を折り、外表に二つ折りにする。タブをはさんで両脇を巻きかがる。
⑤ 裏布の周囲の縫い代を裏へ折り、本体と外表に合わせる。袋口をファスナーにまつり、両脇を巻きかがる。（全体を表に返して、本体袋口の角を2針位縫いとめておくと仕上がりがきれい）。
⑥ ドット柄はタペストリーウールの7260でポンポンを作り、ボーダー柄は7362でタッセルを作る。ボールチェーンでタブにつける。

★ポンポンとタッセルの作り方は **61ページ**

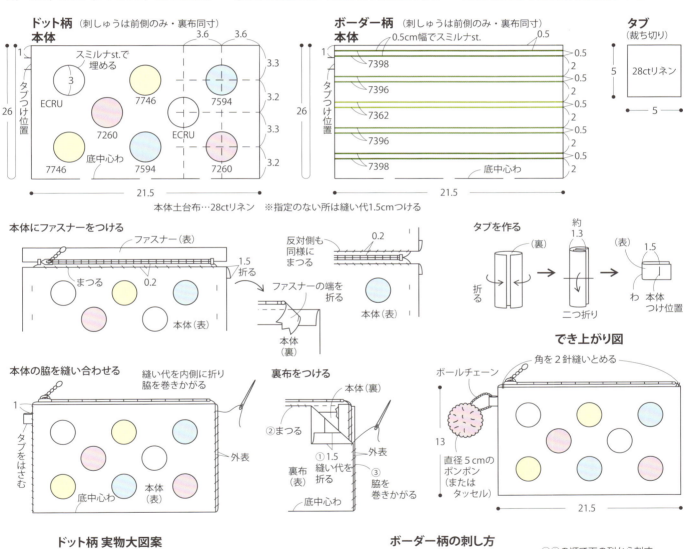

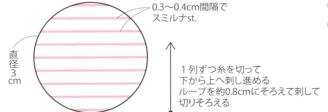

37

F

これを覚えれば万能！
芯入りボタンホールステッチ
CORDED BUTTONHOLE STITCH

レイズドボタンホールステッチとの違いは、1段ごとに芯糸を渡しながら刺すと、芯糸が土台布の裏を通らないこと。自由にモチーフの形が作れ、詰め綿で立体感を出すこともできます。「どの目を拾うのか・何目拾うのか」で悩みやすいのですが「全体を同じ密度の面に仕上げる」のを目標に刺せば大丈夫。

芯入りボタンホールステッチは最初にバックステッチで外郭線を刺して、この針目に芯糸を渡してボタンホールステッチをします。土台布にクロスステッチ用のリネンを使うとバックステッチの針目がそろいやすいのでおすすめ。まずは直線的なトートバッグから始めましょう。

E・芯入りボタンホールステッチの基本 LESSON → 40・41 ページ
トートバッグ → **E**・42・43ページ
イヌ → **E**・44～49ページ
（帽子は **A**・レイズドボタンホールステッチ → 15ページ　耳と尾は **C**・レイズドリーフステッチ → 30ページを参照）
★作り方 → 68ページ

E 芯入りボタンホールステッチの基本LESSON

トートバッグやイヌのモチーフを作る前に、まずは芯入りボタンホールステッチの基本的な刺し方を覚えましょう。
横に9目分のバックステッチを例に、わかりやすく説明します。

★5番刺しゅう糸を使用（1本で刺す）

最初に図案線上にバックステッチを刺す。 この針目に芯糸を渡してボタンホールステッチをしていくので、**バックステッチはできるだけ針目の長さをそろえて刺す。** 平行になる辺（上と下、左と右）が同じ長さの時は針目の数もそろえる。実際に刺す時はバックステッチとボタンホールステッチの糸は同色にする。

1 バックステッチをして（ここでは上下の辺は9目）、左上の角から針を出す（糸端は玉結び）。

2 上辺の左端のバックステッチの針目をすくい、針に糸をかける（針の下に糸をくぐらせる）。

3 針を抜き、糸を下（手前）にそっと引いてボタンホールステッチの針目を引き締める。

4 2・3と同様に残りの8目にもボタンホールステッチをする。**これが作り目になる**（計9目）。

5 右辺のバックステッチの一番上の針目に針を入れ、糸を右へ出す。

6 続けて左辺のバックステッチの一番上の針目に針を入れる。

7 1～5で刺したボタンホールステッチ（作り目）の下に、**横に芯糸が渡った状態。**

8 左端の**ボタンホールステッチと芯糸を続けてすくい、針に糸をかける**（針の下に糸をくぐらせる）。3と同様に糸を引く。

9 8と同様に残りの8目も、芯糸と一緒にすくってボタンホールステッチをする。

10 9目刺せたら、5と同様に右辺のバックステッチの針目に針を入れ、糸を右へ出す。

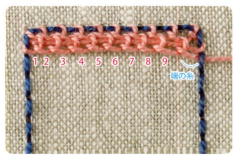

11 これで1段目が刺せた。9目＋右側に端の糸が渡っている状態。

2種類の「ボタンホールステッチ」の違いは？

図案に合わせて土台布に直接芯糸を渡す**レイズドボタンホールステッチ**は、簡単でシンプルな形に適したテクニック。裏にたくさん糸が渡るので、P52・53のようにオーガンジーに刺すのは不向き。1段ごとに芯糸を渡して、裏にはバックステッチの針目だけが渡る**芯入りボタンホールステッチ**は複雑な形も作れるので応用範囲が広い。綿の詰め具合でふくらみを調整することもできる。

レイズドボタンホールステッチ（上から下へ刺す）　芯入りボタンホールステッチ（左から右へ刺す）

芯入りボタンホールステッチ・ここがポイント！

❶ 図案線のバックステッチは、できるだけ針目をそろえて刺す。

❷ 全体を同じ密度の針目で、バランスよく埋めるのが目標。目数は前段と同じにするよりも、様子を見ながら調整するのが大切。

❸ 目数が足りないとスカスカに、増やしすぎると波打ってくるので、両脇ですくう位置で迷った時は針目の密度をチェック。

芯糸を渡す→上段の針目と芯糸をすくって刺す、のくり返し
2段め
1目めをすくう
芯糸

12 6・7と同様に次の段の芯糸を渡し、左端の**8の針目と芯糸を一緒にすくって**ボタンホールステッチを刺す。

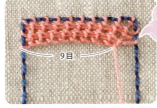

9目刺したのにここにすき間が…
9目

13 続けて8目刺した所。上段の目をすべてすくって9目刺せたが、**右端にすき間がある。**

10目め

14 右辺のバックステッチにかかっている端の糸と芯糸をすくって、**もう1目刺す**（計10目）。

1 2 3 4 5 6 7 8 9 10
端の糸

15 10目刺して、右辺のバックステッチの針目に針を入れて糸を右へ出した所。続けて次の段の芯糸を渡す。

3段め。前段が10目で、このままでは増えすぎるので1目めはパス！

飛ばす
芯糸

16 左端が詰まり気味なので、**1目めは飛ばして**、2目めからボタンホールステッチを刺す。

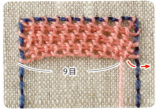

9目

17 続けて8目刺し（計9目）、右辺のバックステッチの針目に針を入れ、糸を右へ出す。

芯糸

18 次の段の芯糸を渡し、左端の1目めと一緒にすくって4段めを刺し始める。

10目め

19 続けて8目刺し（計9目）、右端にすき間があるので、14と同様に端の糸と芯糸をすくって**もう1目刺す。**

20 計10目刺して、右辺のバックステッチに針を入れた所。全体の針目の密度がそろっている。

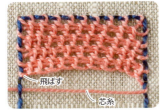

飛ばす
芯糸

21 5段めの芯糸を渡す。16と同様に左端の**1目めは飛ばして、**2目めからすくって刺す。

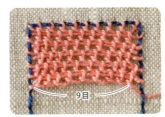

9目

22 9目を刺した所。全体の針目の密度を見て、飛ばしたり増やしたりしながら刺していく。

糸が足りなくなったら

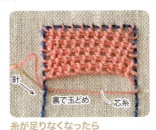

針
裏で玉どめ
芯糸

1 糸を足したり、色を替える時は左右の端で。バックステッチの下に針を入れる。

針

2 針に新しい糸を通し（糸端は玉結び）、1と同じ位置から出す。続けて刺していく。

E 芯入りボタンホールステッチ

トートバッグ

芯入りボタンホールステッチの基本は 40・41 ページを参照。
クロスステッチ用のリネンはタテ・ヨコの糸が均一に織られているので、
バックステッチの針目をそろえて刺すことができます。

（39ページのクッション 色番号などは68ページ）
★5番刺しゅう糸を使用（1本で刺す）

バックステッチの針目をそろえるために…
土台布はクロスステッチ用のリネン(28ct)を使用（P59を参照）。織り糸3本をバックステッチの1目として刺す。織り糸を数えて刺すので、土台布に図案を写さなくてもOK。

トートバッグの図案
（バックステッチの目数）

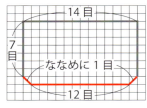

バックステッチの刺し方
リネンの織り糸3本を1目として刺す

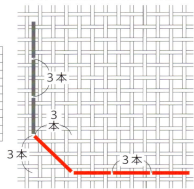

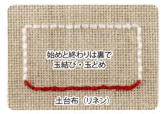

1 右上の図を参照して、リネンに白（本体）と赤（底）の5番刺しゅう糸でバックステッチをする。

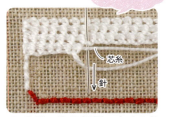

2 P40・41を参照し、左上の角から14目作り目をして芯入りボタンホールステッチをする。

（本体は白糸で）

3 7段刺す（**7段目は作り目と同じ14目にする**）。刺し終わりはバックステッチの下に針を入れる。

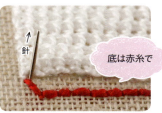

4 針に赤糸を通し、左端のななめのバックステッチの際に針先を出す（糸端は玉結び）。

（底は赤糸で）

5 白糸の針目をすくってボタンホールステッチをして、**赤糸で作り目をする。**

6 3の7段目の針目をすべてすくって、14目作る。

7 右端のななめのバックステッチに針を入れ、糸を右へ出す。

8 続けて左端のななめのバックステッチに針を入れ、芯糸を渡す。

9 赤糸で作り目の下に芯糸を渡した所。

10 赤糸の作り目と芯糸を一緒にすくい、ボタンホールステッチをする。

（針目の密度はこの写真を目安に！）

実物大

11 作り目の14目すべてに、10と同様にボタンホールステッチをした所。

12 7と同様に右端のななめのバックステッチに針を入れ、糸を右へ出す。糸は切らずに残しておく。

13 3辺は土台布に固定され、下辺があいている状態。この下辺から化繊綿を詰めていく。

14 化繊綿を少し手に取り、四方に引っ張って薄く広げる。

15 目打や竹ぐしを使って、下辺から14の化繊綿を平らになるように詰めていく。

16 化繊綿は固まらないように、**全体にふんわりと薄く平らに詰める**のがコツ。

17 詰めすぎのNG例。化繊綿を詰めすぎると、すっきりと仕上がらないので注意。

18 持ち手をつける。幅0.5cmのリボンを長さ9cmにカットし、下辺のバックステッチの上に重ねる。

19 リボンのもう一方の端も18と同様にして、土台布にまち針で仮どめする。

20 12で残した糸で、下辺のバックステッチとボタンホールステッチの針目をすくう。

21 しっかり糸を引き、あき口をとじる。

22 持ち手部分は20の針目とリボンを一緒にすくい、リボンが抜けないようにしっかり縫いとめる。

両脇はバックステッチ1目にボタンホールステッチ2目をとじる（目数が12目と14目なので）

23 最後までとじたら、針を裏へ出して玉どめして糸を切る。

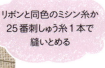

リボンと同色のミシン糸か25番しゅう糸1本で縫いとめる

24 持ち手のリボンを持ち上げ、まち針で仮どめする。リボンの両端を何か所か縫いとめる。

実物大

25 でき上がり。底と持ち手はお好きな色でどうぞ。

43

芯入りボタンホールステッチ

イヌ（凹凸のある図案）

芯入りボタンホールステッチの基本は 40・41 ページを参照。
凹凸のある図案も、同じ密度の針目でバランスよく刺していきます。
足や鼻先などの飛び出した部分は、仕上げる順番や化繊綿を詰めるタイミングもポイントになります。

バックステッチの針目をそろえるために…
土台布はクロスステッチ用のリネン（28ct）を使用（P59を参照）。P42のトートバッグと同様に、**リネンの織り糸3本をバックステッチの1目として刺す**。

（39ページのクッション　色番号などは 49・68 ページ）
★5番しゅう糸を使用（1本で刺す）

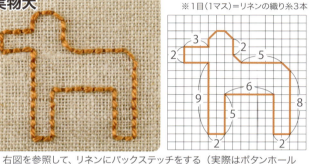

実物大

イヌの図案
（バックステッチの目数）
※1目（1マス）＝リネンの織り糸3本

1 右図を参照して、リネンにバックステッチをする（実際はボタンホールステッチと同色・刺し始めと刺し終わりは裏で玉結び・玉どめ）。

2 全体の左上の角から針先を出す（糸端は玉結び）。

3 ななめに刺してある針目をすくい、P40 の **2・3** を参照してボタンホールステッチの作り目をする。

4 続けて **3** と同様に2目作り目をする（計3目）。

5 右辺のバックステッチの針目（作り目の右・縦の針目）に針を入れ、糸を右へ出す。

6 最初の作り目をした **3** の針目の左（縦の針目）に針を入れる。

7 **2**〜**5** で刺したボタンホールステッチ（作り目）の下に、横に芯糸が渡った。

8 左端のボタンホールステッチと芯糸を続けてすくい、ボタンホールステッチをする（P40 の **8** を参照）。

9 **8** と同様に残りの2目も刺す（計3目）。

10 **5** と同様に右辺のバックステッチの針目に針を入れ、糸を右へ出す。

11 これで頭が刺せたので、次は左の鼻先へ。左辺の縦の針目に針を入れ、糸を左へ出す。

12 横に芯糸が渡った。**芯糸は上の段と平行になるように渡す**のが、きれいに仕上げるコツ。

頭〜鼻先を作る

作り目なのに芯糸も一緒にすくうのは、14からのボタンホールステッチと高さを合わせるため

P41の14と同じようにここで1目プラス

13 鼻先のバックステッチと芯糸を続けてすくい、ボタンホールステッチを3目刺す（作り目）。

14 ここからは8・9で刺したボタンホールステッチの針目と芯糸をすくって刺す。

15 続けて2目刺す（作り目3目＋3目で6目）。上段の針目は全部すくって刺せたが、**右端にすき間がある**。

16 右辺のバックステッチにかかっている端の糸と芯糸をすくって、**もう1目刺す**（計7目）。

17 右側のななめに刺してあるバックステッチの針目に針を入れ、糸を右へ出す。

18 左辺の縦の針目に針を入れ、糸を左へ出す。

19 13〜17の針目の下に芯糸が渡った。上段の針目と芯糸が平行になっている。

20 14・15と同様に上段の針目と芯糸を続けてすくい、7目刺す。

21 7目刺した所。続けて背中からボディ部分を刺す前に、矢印部分の**すき間を埋める。**

22 17で針を入れたななめの針目をすくい、ボタンホールステッチ。作り目なので芯糸はなくてOK。

23 21にあったすき間が埋まって、右側のバックステッチの針目と同じ高さになった。

24 背中のバックステッチの針目をすくってボタンホールステッチをして、作り目をする。

25 残りの4目も24と同様に刺す（ななめ1目＋5目で作り目6目）。

26 右側のななめに刺してあるバックステッチの針目に針を入れ、糸を右へ出す。

27 左辺の縦の針目に針を入れ、糸を左へ出す。

28 20〜26の針目の下に、平行に芯糸が渡った。

芯入りボタンホールステッチ

ボディを作る

残した部分から後で化繊綿を入れる

29 鼻先は残しておき、芯糸の上の針目と芯糸を続けてすくってボタンホールステッチをする。

右端に、すき間が…

30 続けて22〜25の作り目と芯糸を一緒にすくって刺す（計9目）。

31 右辺のななめのバックステッチにかかっている端の糸と芯糸をすくって、**もう1目刺す**（計10目）。

これで高さがそろう

32 26と同じななめのバックステッチの針目にもう一度針を入れ、糸を右へ出す。

33 左辺の縦の針目に針を入れ、糸を左へ出す。

34 29〜32の針目の下に、平行に芯糸が渡った。

35 上段の針目と芯糸を続けてすくってボタンホールステッチをする（10目）。

36 上段の針目は全部すくって刺せたが、右端にすき間があるので31と同様に**もう1目刺す**（計11目）。

37 右辺の縦のバックステッチの針目に針を入れ、糸を右へ出す。

38 34〜37と同様にあと2段刺す。**左右にすき間ができないように両端で調整して**、1段を10〜11目で刺す。左辺・右辺ともバックステッチの縦の針目は5目ずつ残っている。

化繊綿を詰めるためのゆとりとして1段増やす

39 左辺のバックステッチの**上段と同じ針目**（下から6目め）に針を入れて芯糸を渡す。

40 上段の針目と芯糸をすくって10目刺す。ここで**1段増やしておけば**、化繊綿を入れた時にキツキツにならない。

41 右辺の縦のバックステッチの針目（下から5目め）に針を入れ、糸を右へ出す。

右側の足を作る

42 右側の足から仕上げる。左辺の縦のバックステッチの針目に針を入れ、糸を左へ出す。

43 右側の足部分に芯糸が渡った。腹の針目と芯糸が平行になっている。

44 足は2目ずつなので、右端から2目めをすくう。芯糸も続けてすくい、ボタンホールステッチをする。

45 もう1目続けて同様に刺す（計2目）。

46 右辺の縦のバックステッチの針目（下から4目め）に針を入れ、糸を右へ出す。

47 42～46と同様に、2目を4段刺す（右側の足・計5段）。

48 右辺の縦のバックステッチの一番下の針目に針を入れ、糸を右へ出す。

49 右側の足が刺せた。下側のあいている部分から化繊綿を詰めていく。

50 P43の14・15を参照して、少量の化繊綿を薄く詰める。たくさん詰めすぎないように注意。

51 右側の足の最後の段とバックステッチの針目をすくい、あいている部分をとじる（2目）。

52 右側の足先をとじた所。

53 足の左端の針目の中を通って、腹と足の角に針を出す。腹の右端の針目もすくう。

54 50と同様に、頭からボディまで化繊綿を詰める。**鼻先にはまだ詰めない。**

55 腹の最後の段とバックステッチの針目をすくい、あいている部分をとじる。

56 ボタンホールステッチとバックステッチの針目を順にすくってとじる。

芯入りボタンホールステッチ

左側の足を作る

57 左側の足を刺す。右辺の縦のバックステッチの針目に針を入れ、糸を右へ出す。

58 左辺の縦のバックステッチの針目に針を入れ、糸を左へ出して芯糸を渡す。

59 左端の針目と芯糸を続けてすくい、ボタンホールステッチをする。

60 もう1目続けて59と同様に刺す。右辺の縦のバックステッチの針目に針を入れ、糸を右へ出す。

61 同様に2目を4段刺す（計5段）。右辺のバックステッチの針目に針を入れ、糸を右へ出す。

62 下側のあいている部分からP47の50と同様に化繊綿を薄く詰める。

63 P47の51と同様に、あいている部分をとじる（2目）。

64 左端の針目の中を通って、左から4目めをすくうように鼻先とボディの角に針を出す。

65 P47の50と同様に、鼻先に化繊綿を薄く詰める。

66 P47の51と同様に、鼻先のあいている部分をとじる。

67 最後は鼻先の角のバックステッチの際に針を入れ、裏で玉どめをして糸を切る。

実物大

実物大（裏）

68 芯入りボタンホールステッチでイヌの形が刺せた。鼻先や足の細い部分にも化繊綿を詰めたので、全体がふっくらしている。

凹凸のある図案のポイント

❶「横にまっすぐ、平行に刺し進める」のが基本。芯糸も上段と平行に渡す。

❷ 鼻先のように横に飛び出す部分はバックステッチから作り目をして増やす。

❸ 足のように縦に飛び出す部分は、そこだけ先に仕上げる。

❹ 足など細い所は化繊綿を詰めにくいので、部分ごとに分けて詰めながら進む。

耳と尾をつける

実物大

耳と尾の位置
点で印をつける（布用印つけペンを使用）

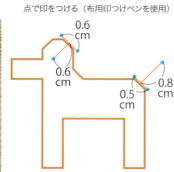

刺し始めの糸端は玉結び。
レイズドリーフステッチの
詳しい刺し方はP30に!

69 レイズドリーフステッチ（P30を参照）で耳と尾を作る。右図を参照して二等辺三角形になるように点で印をつけておく。

70 耳を作る。三角形の頂点（頭の中心辺り）にまち針を打ち、底辺は土台布から針を出す。

71 糸をすくう時は、**下の芯入りボタンホールステッチを一緒にすくわないように注意。**

72 三角形の底辺の、土台布の刺し始め位置まで埋めるように刺す。

73 刺し始め位置の際に針を入れ、裏で玉どめをする。

74 耳ができた。土台布から立ち上がって、頭部分は浮いている状態。尾も同様に作る。

実物大

75 好みの位置に、目（丸大ビーズ）と鼻（マガ玉ビーズ）をつければ、でき上がり。

丸大ビーズ
マガ玉ビーズ

でき上がり!

39ページのクッションのモチーフ
（DMC5番刺しゅう糸の色番号・指定以外は1本で刺す）
残りのモチーフとクッションの作り方は68ページ

マガ玉ビーズ　丸大ビーズ　841
鈴をつける
ストレートst.
336（2本どり）
ECRU

マガ玉ビーズ　丸大ビーズ　938
738
B5200
823

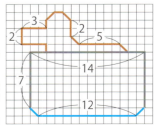

※1目（1マス）＝リネンの織り糸
3本でバックステッチ
①すべてのバックステッチを刺す
②イヌを刺し（上部分のみ）、化繊綿を詰めて最後の段をバッグのバックステッチにとじる
③バッグを作る（P42・43を参照）

ぬいぐるみのように立体的な動物の顔。オーガンジーに芯入りボタンホールステッチを刺して、縫い縮めてパーツを作ります。顔の土台、口元、耳…と作ったパーツを組み合わせれば、楽しい動物のでき上がり。くるみボタンのキットを使ってブローチに仕立てました。

クマ（基本）→ E・52・53ページ　★作り方→64ページ

スタンプワークは立体的なモチーフを手軽に作れるのが一番の魅力。何に刺そうかな…という方には5cm幅のリネンテープがおすすめ。カットして端を折ればかわいいオリジナルのタグになります。縫いつけられないものには両面テープで貼ればOK。サイズや刺しゅう糸の色をアレンジして楽しんでみください。

ボーダーTシャツ→**A**・10〜13ページ
テントウムシ→**A**・17ページ
ベリー・さくらんぼ→
B・22〜24ページ＋**C**・30・31ページ
アイスクリーム→**A**・15ページ＋**B**・24ページ
ハート・ドーナツ→**B**・25ページ
スマイルマーク→**D**・34ページ
（スミルナステッチの基本LESSON）
クマ→**E**・52・53ページ
★実物大図案などは28・29ページ

芯入りボタンホールステッチ

動物の顔モチーフ（クマ）

ウサギやイヌも、耳などのパーツの形が違うだけで基本的な作り方は同じです。
芯入りボタンホールステッチの基本は40・41ページを参照。

★50ページのブローチの実物大図案・色番号などは64ページ

（51ページのモチーフの色番号などは29ページ）
★5番刺しゅう糸を使用（1本で刺す）

刺し始める前の準備
コットンオーガンジーに直径3.3cm（顔用）の円形の印をつけ、P26を参照して刺しゅう枠にピンと張っておく。

1 図案線上にバックステッチをして（糸端は玉結び）、左端に針を出す。

2 左端のバックステッチの針目をすくい、P40の **2・3** を参照して**ボタンホールステッチの作り目をする。**

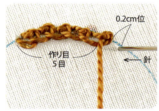

3 残りの4目も**2**と同様に作り目をして（計5目）、針目の少し右の図案線上に針を入れる。

4 3のすぐ右に針を出す。

5 左側の図案線上に針を入れ、**横に芯糸を渡す。**

6 5のすぐ左に針を出す。ここから作り目と芯糸を一緒にすくってボタンホールステッチをしていく。

（同じ位置にもう1目刺す）

7 左端の1目めと芯糸をすくってボタンホールステッチ。図案のふくらんだカーブに合わせるため、**もう一度同じ位置で刺して1目増やす。**

（5目の作り目が7目になった）

8 続けて4目刺し（計6目）、3で針を入れた右端に渡っている糸と芯糸をすくって**もう1目刺す**（計7目）。こうして**左右の端で1目ずつ増やしていく。**

9 7・8と同様に両端で1目ずつ増やしながら上半分を刺す。**下半分は両端で1目ずつ減らす**ことになる。

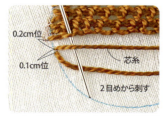

10 芯糸を渡し、左端の**1目めは飛ばして（＝1目減る）**2目めから刺し始める。

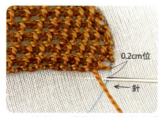

11 右端も、**最後の1目は刺さずに飛ばして（＝1目減る）** 図案線上に針を入れる。

実物大　（裏）

12 同様に下まで刺し埋める。最後は**作り目と同じ5目で終わる**とバランスがよい。

> 芯入りボタンホールステッチの針目はネット状で下が透けるので、コットンオーガンジーはモチーフの刺しゅう糸に近い色を選ぶと仕上がりがきれい。

> 縫い縮めると隠れるので、芯入りボタンホールステッチの周囲は多少ガタガタでも大丈夫！

13 周囲をぐし縫いし（実際にはモチーフと同色の5番刺しゅう糸で）、縫い代をつけてカットする。

> 作りたい大きさまで縮めて玉どめ

14 P23の**13～16**を参照して丸めた化繊綿を入れて縮め、丸く形を整える。

> 周囲のガタガタ、隠れました

実物大

15 動物（クマ）の顔を作るのに必要なパーツを同様に作る。でき上がりサイズはこの写真を目安に。**耳は化繊綿を入れずに、2個作る。**

16 P23の**17・18**と同様に、顔のパーツをぎゅっと土台布に押しつけて平らにし、周囲をまつる。

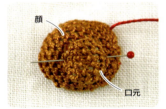

17 顔の上に口元をのせてみて位置を決め、まち針で仮どめする。

18 口元も**16**と同様にぎゅっと押しつけながら顔の上にまつる。

19 縫い代がはみ出さないように針先で押し込みながら、好みの形に整えてまつる。

20 同様に、顔の上に耳2つをバランスよくまつりつける。

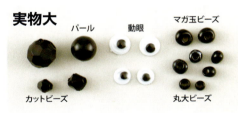

実物大

21 目と鼻はビーズや動眼をつける。いろいろな種類・大きさのものを用意して、組み合わせて表情をつけると楽しい。

22 ビーズをまち針で仮どめしたり、動眼を置いてみて表情を決める。同じものでも位置が違うと印象が変わる。

23 ビーズは黒糸で土台布の裏から針を入れて縫いつけ、動眼は裏にボンドをつけて貼る。

24 口は25番刺しゅう糸でストレートステッチ。好みで眉毛を刺してもOK。

25 鼻の下に1本刺して、その針目に糸を通してストレートステッチを刺すとテディベアのような表情に。

> 表情は自由につけてね！

ウサギ → **A**・レイズドボタンホールステッチ ＋ **E**・芯入りボタンホールステッチ
ハート → **B**・フレンチノットステッチ
ベリー → **B**・フレンチノットステッチ ＋ **C**・レイズドリーフステッチ
花 → **B**・フレンチノットステッチ ＋ **C**・レイズドリーフステッチ ＋ **D**・スミルナステッチ
クマ → **E**・芯入りボタンホールステッチ
★作り方→ 65〜67 ページ

この本で紹介した5つのステッチでできるモチーフを集めた、スタンプワークのサンプラーのようなバッグです。スタンプワークは技法を組み合わせることで表現の幅が広がります。さらにクロスステッチやビーズ、ブレードなどもプラスしてみました。

55

スタンプワークのベーシック

刺しゅう糸いろいろ

刺しゅう糸の太さは5番・8番・25番…のように数字(番手)で表記されている。この数字が小さいほど糸は太く、大きくなるにつれ細くなる。

★この本の作品にはDMC刺しゅう糸を使用(※P9・16のニットキャップを除く)。

刺しゅう糸・実物大

- 5番糸
- 8番糸
- 25番糸(6本)
- 25番糸(1本)
- タペストリーウール

5番刺しゅう糸 1かせ約25m

8番刺しゅう糸 1玉10g(約80m)

5番刺しゅう糸はこの本の作品に一番使われている糸。太さがあるので1本で刺してもボリュームが出て、スタンプワークに最適。

8番刺しゅう糸は5番糸よりも細めなので、スタンプワークに使うと繊細な雰囲気になる。どちらも綿100％で美しい光沢がある。

25番刺しゅう糸 1束約8m

刺しゅう全般によく使われる糸。綿100％の細い糸6本がゆるくより合わされているので、必要な本数を引きそろえて使う(P57を参照)。この本ではP33のスミルナステッチのオーナメントなどに使用。

タペストリーウール 1束約8m

マットな質感のウール100％の刺しゅう糸。5番刺しゅう糸より太いので、針も合わせて太いものを使う(P57を参照)。この本ではP36のスミルナステッチのポーチに使用。

5番刺しゅう糸の扱い方

刺し始める前に、かせになった糸を使いやすい状態にする。
1本が約100cmになるので、スタンプワークの5番刺しゅう糸はこの長さのままで使ってOK。

1 ラベルを外し、ねじってある糸をそっとほどく。2つのラベルは取っておく。

2 長い1本の糸がかせになっていて、両端が結ばれている。かせを輪の状態に広げる。

3 結び目の際で糸の束をカットする。これで1本の長さが約100cmになる。

4 結び目を切り落とす。

5 糸の束の中心にラベルをひとつ通し、両方の端をまとめてもうひとつのラベルに通す。

6 全体の糸を三等分し、ゆるく三つ編みにする。

7 こうしておけば糸が絡みにくく、扱いやすい。

8 糸の輪の部分から1本ずつ引き抜いて使う。

スタンプワークに使う針

クロスステッチ針

刺してある針目や芯糸をすくって刺し進むスタンプワークには、糸を割らないように針先が丸くなっている**クロスステッチ針**を使う。タペストリーウールには毛糸用の**とじ針**がおすすめ。刺しゅう糸の番手や本数・種類に合わせて針の太さを使い分ける。針は号数が小さいほど太く、大きくなるにつれ細くなる。

糸が通しやすい大きな針穴

丸くなった針先

刺しゅう糸の番手に合わせた針の太さの目安
（25番糸以外は1本で刺す場合）

	細い ←――― 糸の太さ ――→ 太い			
刺しゅう糸の番手	8番	5番	25番（6本どり）	タペストリーウール
クロスステッチ針の号数	No.22	No.20〜21	No.20	とじ針 No.15〜17
	細い ←――― 針の太さ ――→ 太い			

※針の号数はクロバーのもの。

5番刺しゅう糸の通し方

1 糸端を指先でつぶして平らにし、少しだけ出ている先端に針穴を押し通す。

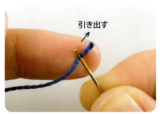

2 針穴から糸の先端が出たら、つまんで引き出す。

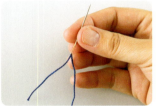

3 この本では、特に指定のない時は5番・8番刺しゅう糸は1本で使用する。

25番刺しゅう糸の扱い方・通し方

1 ラベルは外さずに、細い糸6本どりのままで糸端をつまんでそっと引き出す。

2 使う長さ（50cm程度）にカットする。

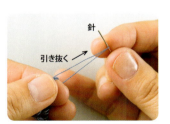

3 カットした糸を指にかけて二つ折りにし、輪の部分から針の頭で1本ずつ引っかけて引き抜く。

4 必要本数を引き抜いたら糸端をそろえてまとめる。6本どりの時も、1本ずつ抜いてそろえ直す。

5 針に通す時は糸端を針穴の側面の薄い部分に引っかけて二つ折りにし、指先ではさんで糸をつぶす。

6 糸をはさんだ指をそのまま離さず、針を下へ抜く。糸の輪が平らにつぶれている。

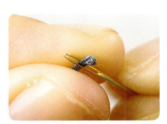

7 つぶれて平らになった糸の輪を針穴に通す。

8 針穴の向こうへ糸の輪が出たら、つまんで引き出す。

スタンプワークのベーシック

使いやすい用具

用具の使いやすさは、刺しやすさ・仕上がりの美しさにつながる。
自分の手になじむものを見つけて。

円定規以外の用具／クロバー

スタンプワークの必需品!

刺しゅう枠
布をピンと張ってステッチをしやすくするための用具。この本のモチーフは小さめなので、直径10cm位のものが使いやすい。

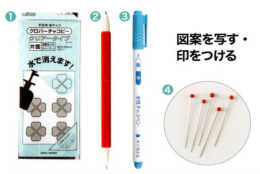

図案を写す・印をつける

❶ 手芸用複写紙（クロバーチャコピー片面クリアータイプ）
❷ トレーサー〈ツイン〉
❸ 布用印つけペン（水性チャコペン）　❹ まち針

使い方は下写真を参照。手芸用複写紙・布用印つけペンは水で消えるタイプが便利。刺し終わったらアイロンをかける前に霧吹きか水をつけた綿棒で印を消す。

はさみ・目打ち

❺ 糸切りはさみ
❻ 裁ちばさみ（布用）
❼ 目打（ボールポイント目打）

はさみは必ず紙用とは別に用意する。糸切りはさみは先が鋭く切れ味のよいものが使いやすい。化繊綿を詰める時は、先端が丸くなった目打があると布や針目を傷つけずに作業できる。

手芸用複写紙で図案を写す

布の上に図案を置き、端をまち針でとめる。間に手芸用複写紙の色のつく面を下にしてはさむ。一番上にセロファンを重ね、図案線をトレーサーでなぞる。

実物大型紙で印をつける

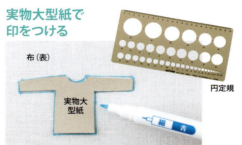

シンプルな形は厚紙で実物大型紙を作り、布の上に置いてまわりを布用印つけペンでなぞる。円形の図案は市販の円定規を使うと便利。

刺しゅう枠のはめ方

刺しているうちに布がたるんでくるので、時々布を引っ張ってピンと張った状態で作業する。

1 内枠の上に布（刺しゅう枠より大きいサイズを用意）をのせる。

2 布の上から外枠をはめる。この時、金具が効き手の反対側にくるようにする。

3 布を四方にバランスよく引っ張り、タテ・ヨコの布目を垂直に整える。

金具を効き手の反対側にしておくと、枠を持つ手で金具を握り込めるので糸が引っかかりにくい。

4 枠の中の布をピンと張った状態で、しっかりネジを締める。

布と、よく使う材料

オーガンジーと化繊綿はフレンチノットステッチや芯入りボタンホールステッチのモチーフに使用。

コットンオーガンジー
綿のオーガンジーは丈夫で適度なハリがあり、刺しゅうしやすい。各色あるので、刺しゅう糸に近い色を選ぶ。（問／越前屋）

化繊綿
量を調整しやすいので、オーガンジーに刺して縫い縮めた中に入れたり、薄く伸ばしてモチーフに詰めたりする。詰めすぎないのがコツ。

フェルト
裁ち切りでカットし、レイズドボタンホールステッチのモチーフの芯に使用。刺しゅう糸に近い色を選ぶ。

リネンテープ（32ct・12目／1cm）
クロスステッチ用のテープで、幅5cmと8cmがある。両端を始末して帯状になっているので、ほつれずに扱いやすい。19・51ページの作品に使用。（問／DMC）

実物大

28ctリネン（11目／1cm）
クロスステッチ用のリネン。タテ・ヨコの糸が同じ比率で織られているので、針目をそろえて刺したい時に使う。この本ではバックステッチは織り糸3本を1目として、クロスステッチは織り糸2×2本を1目として刺している。33・36・39・55ページの作品に使用。（問／DMC）

> **クロスステッチ用布の「ct（カウント）」とは？**
> ctはcount（カウント）の略で、1インチ（約2.54cm）内の織り糸の数を表している。28ctは約2.54cm内に織り糸が28本入っているということ。合わせて「○目／1cm（＝1cm内に織り糸○本）」という表記もある。どちらも数が大きいほど布目が細かくなる。

玉結び・玉どめ

スタンプワークの糸始末は玉結び・玉どめが基本。
表のステッチにボリュームがあるので、裏はそれほど神経質にならなくても大丈夫。

刺し始めの玉結び

1 指先に糸端をのせ、その上に糸を通した針の先を置く。

2 針に糸を2回巻きつける。

3 糸を巻きつけた上を針を持つ親指でしっかり押さえ、針を上へ引き抜く。

4 最後まで糸を引くと、2で巻つけた糸が結び目になる。余分な糸端はカットする。

刺し終わりの玉どめ

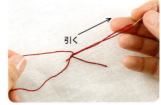
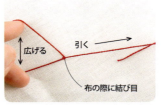
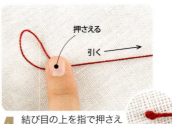

1 布の裏から出ている糸を右手で持った針に巻きつける（1回または2回）。

2 左手は糸を押さえたまま、針を抜いて糸を右へ引く。左側には糸の輪ができる。

3 糸の輪に指を入れて広げ、糸を張ると1で巻きつけた糸が布の際に結び目になる。

4 結び目の上を指で押さえて、最後まで糸を引く。

基本のステッチの刺し方

スタンプワーク以外のステッチも、この本の作品に用いているのはシンプルでよく使われているものばかりです。
初めてのステッチは別布に試し刺しをしてから作り始めましょう。

★図案や作り方ページ中では「○○ステッチ」を「○○ st.」と略して表記しています。

ストレートステッチ

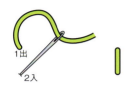

バックステッチ

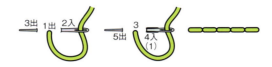

アウトラインステッチ

スタンプワーク以外のステッチの糸始末は…

刺し始めは糸端を裏側に10cm位残しておく。
刺し終わりは裏側に渡っている糸をすくってくぐらせてから糸を切る。
刺し始めの糸端も再度針に通し、刺し終わりと同様に始末する。

クロスステッチ

／の針目と＼の針目の重なり方（どちらが上になるか）を図案全体でそろえて刺すと、仕上がりがきれいに見える

●単独で刺す

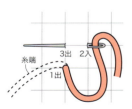
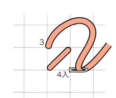
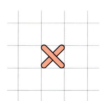

●横に刺し進める

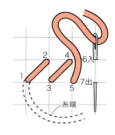

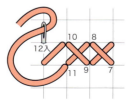

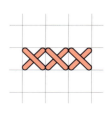

●縦に刺し進める

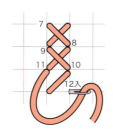
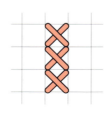

ポンポンの作り方 （P36のポーチ）

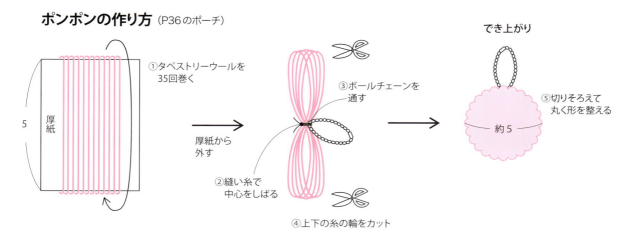

タッセルの作り方 （P36のポーチ）

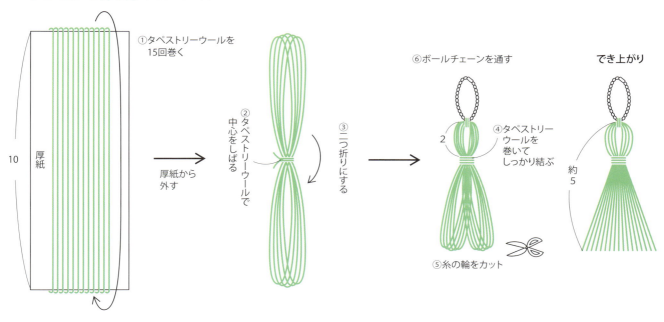

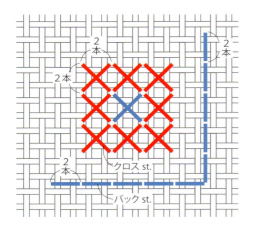

リネンにクロスステッチをする時は「織り糸2×2本を1目」で刺す

この本のクロスステッチを使った作品には、クロスステッチ用の28ctリネンを用いている。クロスステッチ用のリネンはタテ・ヨコの糸が同じ比率で織られているので×の針目が正方形にそろい、きれいに仕上がる（P59を参照）。
28ctのリネンは織り目が細かいので、図のように織り糸2×2本を×の1目として刺す。
バックステッチをリネンの織り糸2本を1目として刺す時も同様。
※ P39のクッションの芯入りボタンホールステッチのように、バックステッチを「リネンの織り糸3本を1目として刺す」場合はP42を参照。

ニードルブック・シザーキーパー

19ページの作品 ●フレンチノットステッチのモチーフの作り方は22〜25・28・29ページ

★材料（各1点分）
DMC5番・8番・25番刺しゅう糸各色適宜（各モチーフの色番号はP28・29を参照）、コットンオーガンジー適宜（刺しゅう糸に近い色）、DMC 幅8cmリネンテープ 32ct（12目/1cm）842（ナチュラル）20cm、DMC 幅5cmリネンテープ 32ct（12目/1cm）842（ナチュラル）10cm、フェルト20×20cm、幅0.5cmポンポンブレード 35cm、詰め綿・化繊綿各適宜、直径2cmボタン1個または直径0.8cmカットビーズ2個、ビーズなど適宜

★作り方（ニードルブック）
①リネンテープにフレンチノットステッチのモチーフをつける。脇の縫い代を折り、上下にポンポンブレードをまつりつける。
②フェルトにピンクッション（中に詰め綿を平らに入れる）と針刺しを縫いつけて内側を作る。
③①と②を外表に合わせる。間にAはループ用のよりひも、Bはカットビーズをつけたよりひも2本をはさんでまつる。Aは外側にボタンをつける。

★シザーキーパーの作り方は図を参照

▼よりひも…でき上がりの約4倍の長さの5番刺しゅう糸1本を二つ折りにして一方向へねじり、中心で二つ折りにしてより合わせて作る。

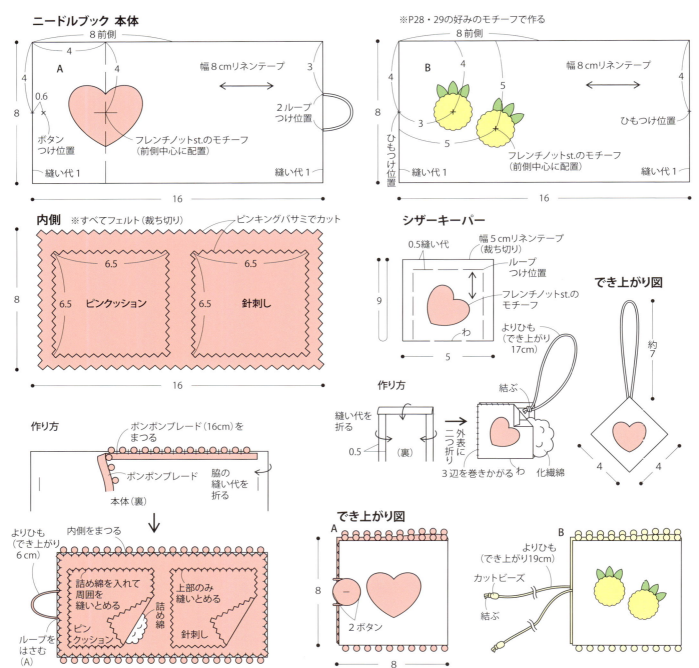

スミルナステッチのオーナメント

33ページの作品　●スミルナステッチのリースとツリーの刺し方は34・35ページ

★材料（1点分）
DMC25番刺しゅう糸各色適宜、DMCリネン28ct（11目／1cm・色は図を参照）20×10cm、幅0.5cmリボン20cm、化繊綿適宜、幅0.3cmリボン15cmと直径0.7cm鈴（リース）・直径0.8cmポンポン（ツリー）・パールビーズ・カットビーズなど好みで適宜

★作り方（共通）
① 34・35ページを参照して本体のリネンにスミルナステッチを刺し、ループをカットしてリース（またはツリー）を作る。ループを残す場合は、ループの長さを1cmにそろえて刺す。
② ①のリース（またはツリー）にパールビーズやカットビーズ、結んだリボン、ポンポンなどをバランスよく縫いとめる。写真を参照して、色や大きさの異なるものを組み合わせるとにぎやかになる。
③ リネンの周囲の縫い代を裏へ折り、外表に二つ折りにする。上側にリボンをはさみ、途中で化繊綿を入れながら3辺を巻きかがる。

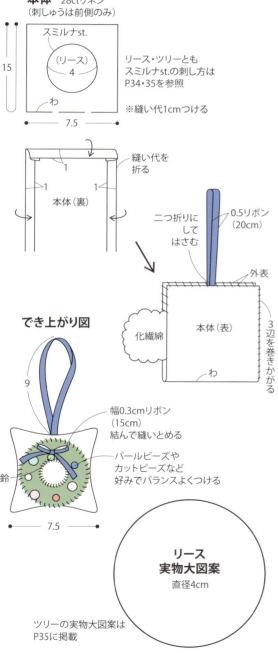

DMC25番刺しゅう糸でスミルナst.
リースは6本どりで2周刺す
ツリーは8本どりで5段刺す

刺しゅう糸936
リネン306
ループをカットする

刺しゅう糸3362
リネン3865
ループをカットする

刺しゅう糸732
リネン3782
ループを残す

刺しゅう糸3052
リネン712
ループを残す

動物の顔モチーフのブローチ
50ページの作品 ●モチーフの作り方は52・53ページ

★材料（1点分）
DMC5番刺しゅう糸各色・25番刺しゅう糸310各適宜、動眼・黒カットビーズなど各サイズ（好みで）各適宜、丸大ビーズ（色は好みで）適宜、コットンオーガンジー（刺しゅう糸に近い色）・化繊綿各適宜、ギンガムチェックコットン10×10cm、幅2.5cmワイヤー入りリボン20cm（好みでつける）、クロバーくるみボタン ブローチセット サークル40（円形）またはオーバル45（だ円形）1組

★作り方
①どの動物も、52・53ページのクマを参照して同様に作る。顔を縦長にするには、周囲を縫い縮めて化繊綿を入れる時に細長く形作る。このページの写真は実物大なので、縫い縮めるサイズの目安に。

②各モチーフができたらギンガムチェックの土台布（くるみボタン ブローチセットに付属の型紙で印をつけておく）に顔から順に縫いつけ、動眼やカットビーズの鼻をつけたり、口やまゆ毛を刺しゅうして自由に表情をつける。

③土台布でくるみボタン ブローチセットのパーツをくるみ（詳しい作り方はセット内の説明書を参照）、縁に丸大ビーズをバランスよく縫いとめる。リボンをつける時は、ブローチピンをつけた裏パーツをはめ込む前に縫い代に縫いとめておく。

スタンプワークのサンプラー・バッグ

55ページの作品 ●各モチーフの実物大図案・作り方は66・67ページ

★材料
DMC8番・25番しゅう糸各色適宜、DMCリネン28ct（11目／1cm）3866（薄ベージュ）60×40cm、中袋・ポケット裏布（無地木綿）50×40cm、コットンオーガンジー・フェルト各適宜（刺しゅう糸に近い色）、幅0.5cmポンポンブレード110cm、直径0.2cmピンクカットビーズ適宜、直径0.3cmカットビーズ…薄緑40個・緑22個、丸大ビーズ…黒4個・黄緑9個、直径0.3cm黒ビーズ2個、直径2cm・1.8cmボタン各1個、3×2.5cmだ円形ミール皿（ネックレス用アクセサリーパーツ）1個、化繊綿・薄緑リネン・厚紙各適宜

★作り方
①本体表布（リネン）の周囲の縫い代を裏へ折り、前側にfのバックステッチ・g・j・k・lの刺しゅうをしてモチーフをつける。
②ポケットA・Bとモチーフf（クマの顔をつけたミール皿）を作り、①につける。
③別布のリネンでモチーフa〜eを作り、②につける。
④③を外表に二つ折りにして両脇を巻きかがる。
⑤持ち手を作り、本体袋口にまつりつける。
⑥中袋を作り、本体と外表に合わせて袋口をまつる。
★ポケットA・Bの実物大型紙は66・67ページ

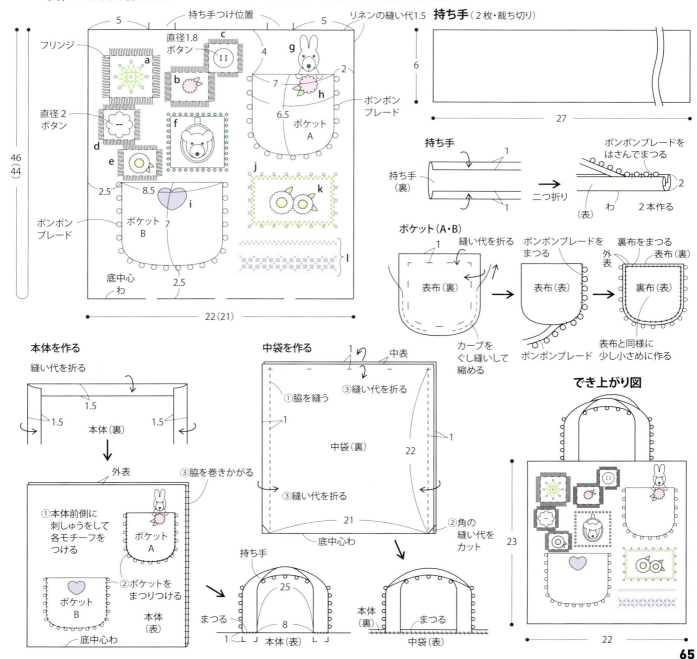

すべてDMC刺しゅう糸　指定以外は8番糸1本で刺す
クロスst.とa～fのバックst.は25番糸2本どり
（リネンの織り糸2×2本を1目として刺す）

fの仕上げ方

薄緑リネン（裏）
0.5
①表側にクマの顔をつける
厚紙
②ぐし縫い
ミール皿の内径に合わせる

↓

厚紙
④ミール皿に貼る
③糸を引いて縮め厚紙をくるむ

f・gのパーツ 実物大図案
顔・口元・耳
コットンオーガンジーに芯入りボタンホールst.
P52・53を参照

口元 直径1.2cm
顔 直径2cm
f・g共通 ECRU

直径0.9cm
f 耳　g 耳
ECRU 各2個
化繊綿は不要

gの手
芯入りボタンホールst.
ECRU

ポケットAの際に直接刺す

gのボディ
レイズドボタンホールst.
P16を参照
主糸を矢印の向きに刺す

フェルト

B5200と211
1段ずつ交互に刺す

a～eは別布（28ctリネン）にバックst.をして作ったモチーフ四隅を本体前側に縫いとめる

fのバックst.（27×27目）は本体前側に直接刺す

i 実物大図案

フレンチノットst.211
P25を参照
化繊綿を入れる

バックst.524（19×19目） a
2
バックst.3747（13×18目） b
ボタン c
1
4
バックst.453（14×15目）
2
バックst.3011（14×17目） d
ボタン
1
2.5
1.2 1.2
バックst. ECRU（12×15目） e
2.5 1

f 3×2.5cm ミール皿
丸大ビーズ黒
耳 gと同じ
バックst.451（27×27目）
直径0.3cm薄緑カットビーズ

g 耳 丸大ビーズ黒
直径0.3cm黒ビーズ
ストレートst. 25番糸310（1本）
ボディの上下の端が顔とポケットAで隠れるように
h 手

ポケットA
1.8

j
k
10.7
ポケットB
2.5 2

l
1.7

66

a クロスステッチ図案

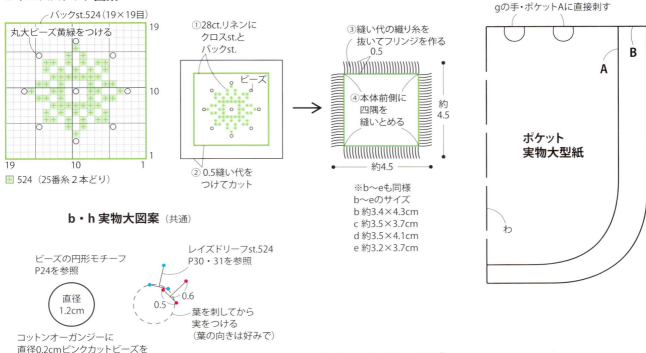

b・h 実物大図案（共通）

e・k 実物大図案

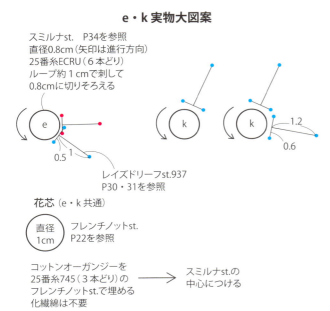

j・l クロスステッチ図案
本体前側に直接刺す

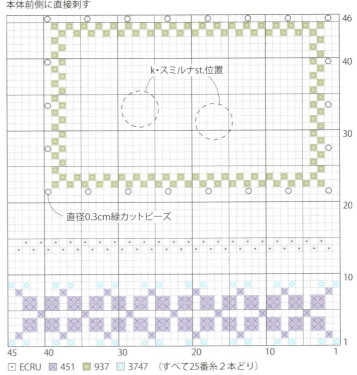

イヌとトートバッグのクッション

39ページの作品 ●芯入りボタンホールステッチの基本とモチーフの刺し方は40〜49ページ

★材料
DMC5番刺しゅう糸各色適宜、DMCリネン28ct（11目／1cm）3782（ナチュラル）35×45cmを2枚、幅0.5cmリボン赤・黄色・紺各10cm、丸大ビーズ黒・マガ玉ビーズ黒各3個、直径0.4cmシルバーカットビーズ・直径0.7cmブルー鈴各1個、直径1cmスナップ2組、化繊綿・フェルト各適宜、パンヤ入り中袋1個

★作り方
①リネンにスタンプワークのステッチでa〜eのモチーフをつける。周囲の縫い代を折り、前側を作る。
②後ろ側A・Bの入れ口の縫い代を折り、ミシンステッチをかける（手でまつってもOK）。
③AとBの入れ口を4cm重ね、①と外表に合わせる。周囲を巻きかがりで縫い合わせる。
④後ろ側のAとBにスナップをつけ、パンヤ入り中袋を入れる。

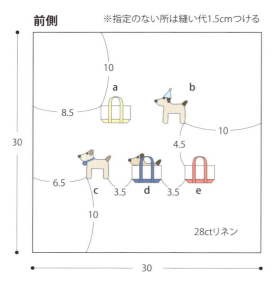
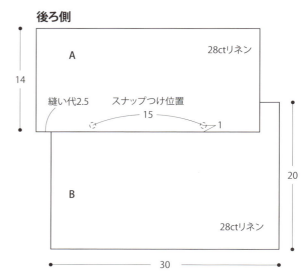
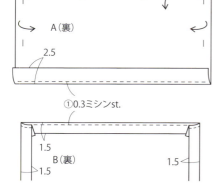
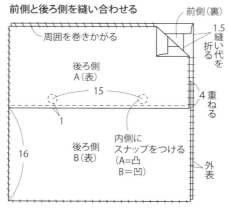
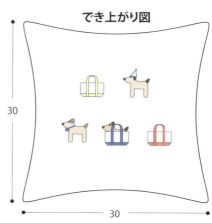

モチーフa・e（トートバッグ）
図案と刺し方はP42・43を参照

※すべてDMC5番刺しゅう糸1本で刺す
指定以外は芯入りボタンホールst.
c・dの色番号はP49に掲載

モチーフb（イヌ）
イヌの図案と刺し方はP44〜49を参照
頭に重ねるように帽子を刺す

帽子の実物大図案
フェルトは図案よりひとまわり小さくする
レイズドボタンホールst. 3325
P15を参照
主糸を矢印の向きに刺す

カバー後ろ側の作品

★材料
DMC8番・25番刺しゅう糸各色適宜、土台布はDMCリネン28ct（11目／1cm）3866（薄ベージュ）を使用、コットンオーガンジー・フェルト（共に刺しゅう糸に近い色）・化繊綿各適宜、直径0.5cm動眼2個、直径0.3cm黒ビーズ1個、丸小ビーズ赤オーロラ適宜、直径0.8cmポンポン1個

★作り方のポイント
レッスンページを参照して各パーツを作る。クマのモチーフには細めの8番刺しゅう糸を使用。5番刺しゅう糸で刺す時よりも細かい針目で刺す。でき上がったクマの顔の大きさに合わせて、帽子のサイズを調整するとよい。

実物大図案

帽子
レイズドボタンホールst.
P15を参照
主糸を矢印の向きに刺す

フェルトは図案よりひとまわり小さくする

顔・口元・耳（2個）
コットンオーガンジーに芯入りボタンホールst.
化繊綿を入れて縫い縮める
（耳は化繊綿不要）
P52・53を参照

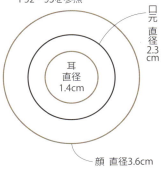

舌
レイズドリーフst.
P30を参照

写真は実物大

すべてDMC刺しゅう糸　指定以外は8番糸1本で刺す

クロスステッチ図案　1目（1マス）＝リネンの織り糸2×2本で刺す

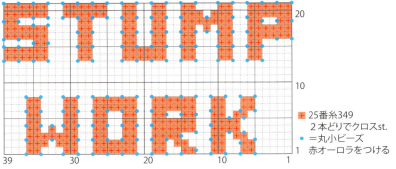

＝25番糸349　2本どりでクロスst.
＝丸小ビーズ　赤オーロラをつける

カバー前側の作品

★材料
DMC8番・25番刺しゅう糸各色適宜、土台布はDMCリネン28ct（11目／1cm）3866（薄ベージュ）を使用、コットンオーガンジー・フェルト（共に刺しゅう糸に近い色）・化繊綿各適宜、直径0.3cm 黒ビーズ2個、直径0.6cm 黒カットビーズ1個、丸大ビーズ黒4個・好みの色を適宜、マガ玉ビーズ黒2個、丸小ビーズ黒4個・ベージュ適宜、直径0.3cm 赤カットビーズ適宜、幅0.7cm グログランリボン適宜、直径1.8cm ボタン1個、直径1.1cm・0.8cm パールビーズ各1個

★作り方のポイント
レッスンページを参照して各パーツを作り、リース状に配置する。8番刺しゅう糸でレイズドボタンホールステッチ・レイズドリーフステッチ・芯入りボタンホールステッチを刺す時は、5番刺しゅう糸よりも細かい針目で刺す。

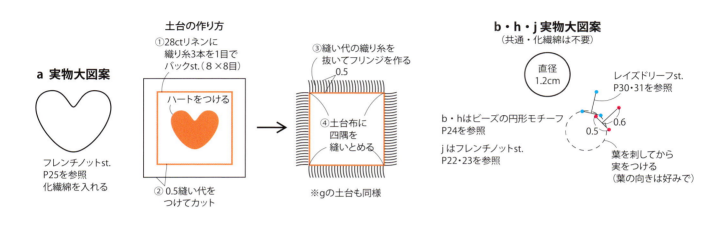

a 実物大図案

フレンチノットst.
P25を参照
化繊綿を入れる

土台の作り方

①28ctリネンに織り糸3本を1目でバックst.(8×8目)
ハートをつける
②0.5縫い代をつけてカット
③縫い代の織り糸を抜いてフリンジを作る 0.5
④土台布に四隅を縫いとめる
※gの土台も同様

b・h・j 実物大図案
（共通・化繊綿は不要）

直径1.2cm
レイズドリーフst. P30・31を参照
0.6
0.5
b・hはビーズの円形モチーフ P24を参照
jはフレンチノットst. P22・23を参照
葉を刺してから実をつける（葉の向きは好みで）

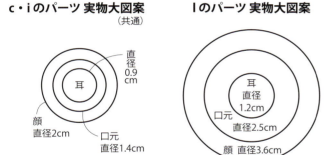

c・i のパーツ 実物大図案（共通）

耳 直径0.9cm
顔 直径2cm
口元 直径1.4cm

コットンオーガンジーに芯入りボタンホールst.
P52・53を参照　耳は化繊綿不要

l のパーツ 実物大図案

耳 直径1.2cm
口元 直径2.5cm
顔 直径3.6cm

d 実物大図案

直径0.8cm
直径2.5cm
フレンチノットst. P25を参照

e 実物大図案

進行方向
直径0.8cm
スミルナst.　P34を参照
①矢印の方向に2周刺す ループ約1.2cmで刺して1cmに切りそろえる
②丸小ビーズをつけて中心を埋める

f 実物大図案

直径1.5cm
コットンオーガンジーに黒と赤の2色で芯入りボタンホールst.
縫い縮めて化繊綿を入れ丸く形作って土台布につける
P52・53を参照
P17のテントウムシを参照して仕上げる

k 実物大図案

フレンチノットst. P24を参照
フェルト実物大型紙
レイズドボタンホールst. P15を参照
フェルトは図案よりひとまわり小さくする

新井なつこ ＊Natsuko Arai

アパレル会社勤務後イタリア・ミラノへ渡り、デザイナーアシスタントを務める。日本アートクラフト協会（JACA）の刺しゅう本科・専攻科・指導者研修科を経て講師資格を取得。楽しく学べる刺しゅう教室を各地で開催している。シンガポールで開催されたDMC270周年記念のアジアパシフィッククラフトマスターズチャレンジ2016にて、スタンプワークの作品で個人部門優勝。簡単なステッチを使い、時代の流れをつかんだ作品の表現に定評がある。
http://ameblo.jp/kawaiiterry/

STAFF

撮影／白井由香里　森村友紀（P10〜16、30・31・34・35のレッスン）
スタイリング／西森 萌
ブックデザイン／盛田ちふみ
トレース／まつもとゆみこ
編集協力／鈴木さかえ
編集担当／佐々木 純

超入門！スタンプワークレッスンBOOK
5つのステッチで作る立体刺しゅう

発行日／2017年2月22日
著者／新井なつこ
発行人／瀬戸信昭
編集人／今 ひろ子
発行所／株式会社日本ヴォーグ社
〒162-8705　東京都新宿区市谷本村町3-23
TEL 03-5261-5026（編集）／03-5261-5081（販売）
振替　00170-4-9877
出版受注センター／TEL 03-6324-1155　FAX 03-6324-1313
印刷所／大日本印刷株式会社
Printed in Japan　©Natsuko Arai 2017
NV70408　ISBN978-4-529-05669-4　C5077

素材提供・協力会社

● ディー・エム・シー株式会社
…DMC 5番・8番・25番刺しゅう糸・タペストリーウール、
　幅5cm・8cmリネンテープ32ct、28ctリネン
〒101-0035　東京都千代田区神田紺屋町13　山東ビル7階
TEL 03-5296-7831
http://www.dmc-kk.com

● 株式会社越前屋
…コットンオーガンジー（90cm幅・綿オーガンジー）、
　P17極細毛糸（越前屋オリジナル極細毛糸）
〒104-0031　東京都中央区京橋1-1-6
TEL 03-3281-4911
http://www.echizen-ya.net

● クロバー株式会社
…P57・58で紹介の針と用具、P50作品で使用「くるみボタン ブローチ
　セット サークル40・オーバル45」
〒537-0025　大阪市東成区中道3-15-5
TEL 06-6978-2277（お客様係）
http://www.clover.co.jp

● アワビーズ／UTUWA
〒151-0051　東京都渋谷区千駄ヶ谷3-50-11　明星ビル5階／1階
TEL 03-5786-1600／03-6447-0070

本書の複写に関わる複製、上映、譲渡、公衆送信（送信可能化を含む）の各権利は株式会社日本ヴォーグ社が管理の委託を受けています。
JCOPY ＜(社)出版者著作権管理機構 委託出版物＞
本書の無断複写は著作権法上での例外を除き禁じられています。複写される場合は、そのつど事前に(社)出版者著作権管理機構（TEL 03-3513-6969、FAX 03-3513-6979、e-mail: info@jcopy.or.jp）の許諾を得てください。

万一、乱丁本・落丁本がありましたら、お取り替えいたします。お買い求めの書店か、小社販売部へご連絡ください。

あなたに感謝しております　We are grateful.

手づくりの大好きなあなたが、
この本をお選びくださいましてありがとうございます。
内容はいかがでしたでしょうか？
本書が少しでもお役に立てれば、こんなにうれしいことはありません。
日本ヴォーグ社では、手づくりを愛する方とのおつき合いを大切にし、
ご要望にお応えする商品、サービスの実現を常に目標としています。
小社並びに出版物について、何かお気付きの点やご意見がございましたら、
何なりとお申し出ください。そういうあなたに私共は常に感謝しております。

株式会社日本ヴォーグ社社長／瀬戸信昭
FAX 03-3269-7874

日本ヴォーグ社関連情報はこちら
（出版、通信販売、通信講座、スクール・レッスン）
http://www.tezukuritown.com/　[手づくりタウン][検索]